El papel utilizado para la impresión de este libro ha sido fabricado a partir de madera
procedente de bosques y plantaciones gestionadas con los más altos estándares ambientales,
garantizando una explotación de los recursos sostenible con el medio ambiente y beneficiosa para las personas.

Penguin
Random House
Grupo Editorial

Contemos historias: Ciencia para mentes curiosas

Primera edición en Argentina: mayo, 2020
Primera edición en México: junio, 2022

D. R. © 2020, Valeria Edelsztein

D. R. © 2020, Penguin Random House Grupo Editorial, S.A.
Humberto I, 555, Buenos Aires

D. R. © 2022, derechos de edición mundiales en lengua castellana:
Penguin Random House Grupo Editorial, S. A. de C. V.
Blvd. Miguel de Cervantes Saavedra núm. 301, 1er piso,
colonia Granada, alcaldía Miguel Hidalgo, C. P. 11520,
Ciudad de México

penguinlibros.com

D. R. © 2020, Candela Insua, por las ilustraciones

ISBN: 978-607-381-567-3

Impreso en México – *Printed in Mexico*

VALERIA EDELSZTEIN

Contemos HISTORIAS
CIENCIA
PARA MENTES CURIOSAS

Ilustraciones: Candela Insua

¿CÓMO LEER ESTE LIBRO?

En cada historia vas a encontrar un relato principal dividido, generalmente, en tres partes: la primera es el planteo de la historia y lleva a una pregunta o a una situación que hay que resolver; la segunda tiene una explicación relacionada con hechos científicos; y en la última parte se atan los cabos y se completa la historia. También hay recuadros con información, actividades, juegos y datos curiosos. Además, vas a encontrar algunas páginas con experimentos y desafíos para que pongas manos a la ciencia.

La historia de la ciencia no es ni más ni menos que la historia de nosotros, los seres humanos, tratando de entender y explicar el universo que nos rodea. Y, como nosotros mismos, es contradictoria, misteriosa, intrigante, traicionera, ambiciosa, valiente y, por momentos, insólita.

En este libro vas a conocer a personas curiosas, perseverantes, observadoras, testarudas e ingeniosas, y vas a acercarte a los caminos que las llevaron a descubrimientos increíbles, errores catastróficos y, sobre todo, a hacerse nuevas preguntas.

Valeria Edelsztein

HASTA LA VISTA, NOBEL
¿ SE HICIERON INVISIBLES ?

En 1940 los nazis invadieron Copenhague, Dinamarca. El físico **Niels Bohr** se paseaba nervioso por su laboratorio del Instituto de Física Teórica. Tenía muy poco tiempo para esconder los dos Premio Nobel que sus colegas **Max von Laue** y **James Franck** le habían enviado desde Alemania para que protegiera de los nazis. Esas medallas de oro eran una gran amenaza para sus dueños porque en plena guerra no se podía enviar el costoso metal fuera del país.

Con los nazis marchando por las calles de la ciudad y los segundos contados, Bohr le pidió ayuda a **George de Hevesy**, un científico húngaro que trabajaba en su laboratorio. Este, contagiado por el nerviosismo, sugirió enterrar las medallas, pero Bohr no estuvo de acuerdo. Los alemanes podrían encontrarlas fácilmente y sería un peligro para von Laue y Franck.

Afortunadamente, de Hevesy era químico y pensó diferentes posibilidades hasta que se decidió por la mejor opción.

Cuando los nazis entraron al Instituto lo inspeccionaron de punta a punta, pero no encontraron un solo rastro de las medallas. Sin embargo, en un estante, un vaso de precipitados con un líquido naranja esperaba paciente.

DE HEVESY LO SABÍA. BOHR, TAMBIÉN.
¿QUÉ HABÍA PASADO CON AQUELLOS PREMIOS?

79	196,967
2970 1063 19,3	1,3
	Au
(Xe)4f¹⁴5d¹⁰6s¹	
	Oro

250 ———
200 ———
150 ———
100 ———
50 ———

El oro es un elemento estable y cuesta mucho disolverlo. Sin embargo, reacciona en algunas circunstancias. Por ejemplo, cuando se utiliza una mezcla de ácido clorhídrico y ácido nítrico que se conoce como *agua regia*. Curiosamente, por separado, ninguno de los dos ácidos funciona, pero juntos logran que el oro se disuelva.

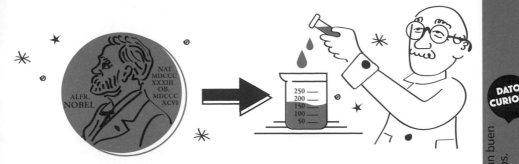

De Hevesy, quien años más tarde ganaría su propio Nobel, conocía esta propiedad del agua regia y tuvo la brillante idea de disolver las medallas para esconderlas. Las puso dentro de un vaso de precipitados, agregó el líquido y esperó...

Fue un proceso extremadamente lento. Una tarde insoportable. Ni de Hevesy ni Bohr estaban seguros de poder concretar su objetivo antes de que los nazis entraran al Instituto. Sin embargo, poco a poco, las dos medallas desaparecieron ante la vista de los investigadores.

Cuando los alemanes saquearon el lugar, ni siquiera alzaron la vista para mirar ese líquido naranja brillante que descansaba en un estante alto del laboratorio entre frascos y reactivos.

El tiempo pasó y tanto Bohr como de Hevesy tuvieron que huir de Copenhague. Cuando terminó la guerra, volvieron a su maltrecho laboratorio y ¡oh sorpresa! encontraron el vaso en su estante, con el contenido inalterado. La química nuevamente vino en su ayuda. De Hevesy recuperó el oro de la solución (posiblemente usando algún agente reductor) y en 1950 fue enviado a la Real Academia Sueca de Ciencias en Estocolmo.

No se sabe qué ocurrió con la medalla de Max von Laue, pero los registros de la Fundación Nobel muestran que, en 1952, Franck recibió su medalla reacuñada en una ceremonia en la Universidad de Chicago.

MÁS INFO

En 1922, Niels Bohr había ganado un Premio Nobel por sus trabajos sobre modelos atómicos. Pero ¿por qué no disolvió su medalla también? La razón es que un tiempo antes la había subastado para ayudar a los damnificados en Finlandia por su guerra contra la Unión Soviética. El comprador donó la medalla al Museo Histórico de Dinamarca, donde se exhibe hasta el día de hoy.

DATO CURIOSO

En su juventud, Niels Bohr había sido el arquero de un equipo de fútbol en Copenhague. Según cuenta la leyenda, era un buen jugador pero, aparentemente, le hicieron varios goles porque se distraía mucho pensando en la estructura de los átomos.

MISTERIO CULINARIO

¿INGERIR COMIDA RADIACTIVA, TE PUEDE HACER GANAR UN PREMIO NOBEL?

George de Hevesy nació en Budapest, la capital de Hungría. En 1910, con un doctorado en Ciencias a cuestas, viajó a Manchester, Inglaterra, para trabajar junto a Ernest Rutherford (que a esa altura ya tenía un Nobel de Química por sus investigaciones sobre los elementos radiactivos). George era estudiante, estaba a miles de kilómetros de su país y no tenía un centavo, de modo que tuvo que arreglárselas como podía.

Rutherford le había recomendado una pensión muy modesta y hacia allí fue con el poco equipaje que llevaba. Desde el primer momento supo que no tendría ningún lujo. Lo peor no era ni la suciedad ni los gritos del lugar, sino... ¡la comida! Los ingredientes solían repetirse y repetirse, y los platos eran cada vez más incomibles.

El pobre George, que sufría muchos malestares estomacales, empezó a sospechar que la encargada de la pensión reutilizaba la comida que sobraba. Si alguien dejaba algo en el plato, ¡vuelta a la olla!

Cuando se atrevió a comentárselo, ella puso el grito en el cielo.

—¡La comida que sirvo es fresca! ¿Cómo puede pensar semejante barbaridad?

George decidió, entonces, tramar un plan para desenmascararla.

¡LA COMIDA QUE SIRVO ES FRESCA!

El torio es un elemento que emite radiactividad. Y esta puede detectarse con distintos instrumentos, entre ellos uno muy simple llamado electroscopio.

La idea de George era sencilla: "tomar prestado" un poco de torio en el laboratorio, agregárselo a alguna de las comidas y de esa forma poder seguirle la pista y encontrarlo en un nuevo plato algunos días después. Esto es lo que se conoce como "marcar" radiactivamente.

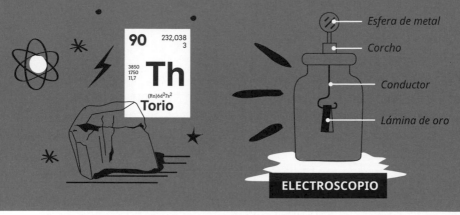

DATO CURIOSO

Esfera de metal

Corcho

Conductor

Lámina de oro

ELECTROSCOPIO

90   232,038
      3

3850
1750
11,7

Th

(Rn)6d²7s²

Torio

Un domingo, durante el almuerzo, de Hevesy aprovechó un momento en que la cocinera estaba distraída y mezcló el torio con las sobras de su pastel de carne. Días después, por medio del electroscopio, detectó que el soufflé servido como plato principal emitía radiaciones.

La dueña de la pensión, al verse expuesta, echó inmediatamente a George. Pero, pese a dejarlo de patitas en la calle, el original experimento abrió el camino para introducir el uso de la radiactividad en otros campos. De Hevesy imaginó que, así como había hecho con el pastel, sería posible marcar un material para que emitiera radiaciones y luego rastrear sus transformaciones.

En 1943, ganó el Premio Nobel de Química por estas investigaciones.

La **técnica de marcación radiactiva** se convirtió en una herramienta de gran importancia en el diagnóstico de muchas enfermedades. Hoy es posible marcar prácticamente cualquier proceso físico, químico o biológico, natural o de laboratorio.

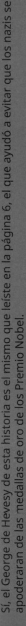

Sí, el George de Hevesy de esta historia es el mismo que leíste en la página 6, el que ayudó a evitar que los nazis se apoderaran de las medallas de oro de los Premio Nobel.

WHISKEY ON THE ROCKS

FLATULENCIAS QUE CASI DESENCADENAN LA TERCERA GUERRA MUNDIAL

En la mañana del 28 de octubre de 1981 un pescador llamó por teléfono a la **base naval sueca de Kariskrona**:

—Hay un submarino encallado en unas rocas cercanas —alertó (en sueco, claro).

—¿Un submarino?

— ¡Sí! ¡Y tiene bandera soviética!

Un submarino de la clase Whiskey se encontraba, efectivamente, atascado en aguas territoriales suecas. El comandante de la Armada decidió interceptar el buque para averiguar por qué estaba allí.

—En nuestro camino hacia Polonia sufrimos un fallo en el sistema de navegación. No queríamos venir hasta aquí. Les pedimos disculpas. Fue simplemente un error —le explicó el capitán soviético.

Al comandante le pareció que las disculpas no eran suficientes y quiso ingresar a inspeccionar el submarino. Su temor era justificado: el mar Báltico solía ser un escenario de guerra durante esa época y Suecia, con su extensa costa, era un corredor de paso imprescindible para la flota militar soviética.

El capitán se negó a la inspección y al cabo de unos días de tensión, el submarino fue escoltado y oficialmente devuelto a la Unión Soviética en aguas internacionales.

Este incidente que se conoció como **Whiskey on the rocks** dejó a Suecia en continuo estado de alerta. ¿Tenían algún fundamento estas sospechas? Parece que sí. Porque desde ese momento la Armada registró misteriosas burbujas en la superficie del agua y sonidos que parecían provenir de hélices sumergidas. ¡¿Submarinos espías?!

En mayo de 1994, harto de suponer constantes intrusiones en sus aguas, el Primer Ministro de Suecia le escribió una enérgica carta al presidente de Rusia pidiéndole explicaciones: "¡¿Por qué siguen entrando sin autorización?!".

Sin embargo, la respuesta lo sorprendió. Los rusos lo negaron y aseguraban una y otra vez que ninguno de sus submarinos había ingresado sin permiso. Los suecos estaban desconcertados: sin embarcaciones a la vista,

¿¡A QUÉ PODÍAN DEBERSE, ENTONCES, LOS RUIDOS Y LAS BURBUJAS!?

Muchos peces tienen un órgano de flotación llamado *vejiga natatoria*. Es una especie de bolsa llena de gas, que les permite nadar a diferentes profundidades.

Algunos peces "cargan" la vejiga tragando aire en la superficie y la descargan "eructando" gases. Esto es posible porque tienen un conducto que conecta la vejiga con el esófago. Otros peces no poseen esta conexión sino que ajustan el volumen de su vejiga mediante el intercambio de gases a través de la sangre.

Los arenques, que viven en grandes cardúmenes en el océano Atlántico y el mar Báltico, tienen una particularidad extra: su vejiga natatoria está conectada tanto al canal alimentario como a la abertura anal.

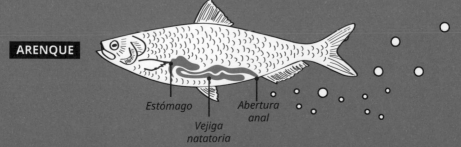

ARENQUE

Estómago

Vejiga natatoria

Abertura anal

En ocasiones, liberan gas a través de dicho agujero con un sonido muy característico. Sí, algo así como "pedos" de arenque (aunque estrictamente no se trata de auténticas flatulencias). Al parecer, los arenques lo utilizan también como medio de comunicación y organización, variando tono y frecuencia de los sonidos, especialmente cuando se agrupan en la noche para mantenerse a salvo de los depredadores.

En 1996, el desconcertado gobierno sueco contrató a un biólogo especialista en bioacústica para buscar una explicación. Junto a varios colegas fue llevado a la base de Bergen para escuchar las grabaciones. Luego de diversos análisis, el veredicto fue unívoco: la mayoría de los sonidos registrados se debían a los "pedos" de grandes cardúmenes de arenques que eran detectados con los sensibles micrófonos submarinos de los sistemas de defensa.

Gracias a este descubrimiento, los biólogos evitaron un conflicto internacional que podría haberse convertido en la Tercera Guerra Mundial. Lo que no pudieron evitar fue el lamento de los suecos por la enorme cantidad de dinero que gastaron persiguiendo burbujas de aire.

La Armada tenía clasificados los sonidos de las "flatulencias" de diferentes animales como ballenas, focas y morsas. ¡Pero nadie había reparado en el arenque!

TORRE DE DENSIDADES

¿Se puede armar una torre con distintos líquidos? ¡Sí, los líquidos también se pueden "apilar" si tenemos en cuenta sus diferentes densidades! Veamos cómo es eso...

¿QUÉ ES LA DENSIDAD?

La densidad es una propiedad característica de cada sustancia o material y se refiere a la cantidad de masa (materia) que hay en un determinado volumen. Es decir, la cantidad de materia en relación con el espacio que ocupa.

Así, por ejemplo, si dos objetos ocupan el mismo volumen, aquel que tenga menos masa será el menos denso.

¡A EXPERIMENTAR!

DENSIDAD = MASA / VOLUMEN

Vas a necesitar:
- 1 frasco transparente alto
- 1 vasito de plástico
- 1 cuchara
- ½ pocillo de aceite
- ½ pocillo de agua
- ½ pocillo de alcohol
- Colorantes alimentarios de distintos colores (al menos 2)
- Objetos pequeños de distintos materiales: tornillos, pedacitos de goma eva, de Telgopor, de esponja o de corcho; una tapita de gaseosa, un poroto, ¡y todo lo que se te ocurra!

Paso a paso:

Lléná un tercio del frasco con agua. Agregale unas gotitas de colorante y revolvé con la cuchara.

Con mucho cuidado, volcá despacio el aceite sobre el agua hasta cubrir otro tercio. Tratá de que el aceite descienda por las paredes del frasco.

Por último, llená el vasito de plástico con el alcohol. Agregale unas gotitas de colorante de otro color y revolvé. Lentamente y por las paredes, volcá el alcohol coloreado sobre el aceite.

¡Listo! ¡Conseguiste tu torre de tres pisos!

Ahora, poné dentro del frasco los objetos pequeños de diferentes materiales y mirá qué ocurre con ellos. ¿Flotan en la superficie, quedan "suspendidos" en el medio o se hunden? ¿Qué pasa si tirás un cubito de hielo en el frasco?

¿QUÉ ESTÁ PASANDO?

Los líquidos menos densos pueden flotar sobre los más densos formando capas (fases) que no se mezclan entre sí. En este caso, el agua es más densa que el aceite (y por eso queda debajo) mientras que el alcohol es menos denso que el aceite (y por eso queda arriba).

¿Qué pasa con los sólidos? Si tirás un objeto al agua y es menos denso que ella, flotará; si es más denso, se hundirá. Y lo mismo pasará en otros líquidos.

Por eso podés usar tu torre de densidades para estimar la densidad de algunos materiales.

DURO DE MATAR

¿CÓMO PODÍA SER QUE EL VENENO NO ACTUARA?

La noche del 29 de diciembre de 1916 todo estaba organizado. Miembros de la aristocracia rusa, dirigidos por el príncipe **Félix Yusúpov**, planeaban asesinar a **Rasputín**, **"el monje loco"**, un personaje oscuro y enigmático, consejero de la corte y con gran influencia sobre los zares **Nicolás II** y **Alejandra** que gobernaban Rusia en ese momento.

Yusúpov invitó a Rasputín a una fiesta en su palacio y le ofreció vino y pasteles de almendras, que tenían la cantidad de **cianuro** suficiente como para envenenar a más de tres hombres.

Rasputín comió y bebió hasta el hartazgo. La cantidad de cianuro que había ingerido era descomunal, ¡pero no le pasó nada! Tomó una guitarra y tocó y cantó temas del folclore ruso. No solo no se moría sino que además se lo veía bastante divertido. Seguía vivito y coleando para desesperación de los conspiradores.

¿CÓMO PODÍA SER QUE EL VENENO NO LO MATARA? ¿RASPUTÍN ERA INMORTAL?

Cuando ciertos compuestos entran en contacto con el ácido del estómago se transforman en ácido cianhídrico, un veneno prácticamente infalible. Una posible explicación para la resistencia de Rasputín es que por alguna condición especial de su estómago, este no produjera ácido (o produjera muy poco). De esta forma, la cantidad de cianuro ingerida no sería suficiente para causar más que un leve malestar. Una segunda opción es que en el mismo banquete en que Rasputín estaba siendo envenenado, las copas hayan contenido el antídoto: algunas sales de cobalto, como las que se usan para colorear el vidrio de las copas, pueden "secuestrar" el cianuro y evitar su efecto.

En su desesperación, Yusúpov fue en busca de un cómplice. Convencido de que la única posibilidad que quedaba era dispararle por la espalda, bajó al sótano y le lanzó varias balas a Rasputín, quien al fin cayó muerto.

Los conspiradores subieron para decidir qué hacer con el cadáver y con la decisión tomada, Yusúpov regresó al lugar para encontrarse con una sorpresa: Rasputín estaba herido, pero vivo ¡y enojadísimo!

Al escuchar los gritos, el cómplice decidió que a él no se le escaparía. Esperó, con el arma cargada, a que Rasputín saliera para terminar con su vida, de una vez por todas. Después de dos disparos fallidos lograron aniquilarlo. Por las dudas, velaron a Rasputín hasta las 5 de la mañana y, para asegurarse de que realmente estuviera muerto, decidieron arrojarlo al río Neva, en el que fue encontrado dos días más tarde.

La autopsia reveló la causa de la muerte. ¿El cianuro había hecho efecto? No. ¿Las balas habían causado una herida mortal? Tampoco. Rasputin murió... ¡ahogado! Un verdadero duro de matar.

MÁS INFO

Algunas frutas como las manzanas, las uvas, los duraznos y los damascos contienen en sus semillas pequeñas cantidades de una sustancia llamada *amigdalina* que puede descomponerse liberando ácido cianhídrico. ¡Pero no te preocupes! Tragar una semilla de vez en cuando no implica ningún peligro para tu vida.

Hoy en día, el lujoso palacio Yusúpov está abierto al público y puede visitarse en San Petersburgo, Rusia. En el sótano donde ocurrió esta historia existe una exposición sobre la vida y muerte de Rasputín.

AL VOLANTE

¿ QUIÉN FUE LA PRIMERA PERSONA EN HACER UN VIAJE EN AUTOMÓVIL ?

En la madrugada del 5 de agosto de 1888, **Bertha Ringer** despertó a dos de sus hijos, de 13 y 15 años. Fueron hasta el patio del taller y sin hacer ruido empujaron el **Benz Patent-Motorwagen Nummer 3** hasta las calles de la ciudad de Mannheim, en Alemania. Dieron vueltas a la manivela y... ¡se lanzaron a la aventura!

Cuando **Karl Benz** se despertó esa mañana encontró una nota garabateada rápidamente por su esposa en la que le informaba que había partido a visitar a su madre en su ciudad natal, Pforzheim, a 106 kilómetros de distancia. ¿Y cuál es el problema, te preguntarás? Lo novedoso es que hasta ese momento

¡NADIE HABÍA HECHO SEMEJANTE VIAJE EN AUTOMÓVIL!

BENZ PATENT-MOTORWAGEN NUMMER 3

Bertha Ringer nació en 1849. Su familia estaba en una excelente posición económica. En 1870, usó parte de su patrimonio para invertir en una compañía constructora de hierro. No tuvo mayores problemas porque en ese entonces era una mujer soltera. Pero en 1872 se casó con el ingeniero Karl Benz y a partir de ese momento, según la legislación alemana de la época, Bertha perdió su poder legal como inversora. Así que Karl puso su nombre y usó el patrimonio de Bertha.

Parte de la fortuna sirvió para financiar la nueva empresa de fabricación de máquinas industriales Benz & Cia, donde Karl terminó su primer carruaje a motor y obtuvo la patente en noviembre de 1886. Así nació el Benz Patent-Motorwagen, el primer automóvil de la historia. Como las leyes de esa época también impedían que una mujer casada pudiera ser titular de una patente, solamente Karl figura como inventor del vehículo.

A pesar del entusiasmo inicial, se habían vendido apenas un par de autos. Karl estaba preocupado. Hasta ese momento, todos los trayectos recorridos con los flamantes vehículos eran de corta distancia y con asistencia técnica. Eso hacía parecer al Motorwagen un juguete muy caro.

Y acá entra en escena Bertha, que confiaba plenamente en el potencial del automóvil e ideó un plan: decidió embarcarse en un intrépido viaje para demostrar lo que su vehículo era capaz de hacer. Después de todo, el movimiento se demuestra andando.

DATO CURIOSO

La historia en números: el costo inicial de fabricación fue de 150 dólares, la presentación pública se llevó a cabo el 3 de julio de 1885, fue patentado con el número 37.435 y pesaba aproximadamente 100 kilos.

Fue un recorrido lleno de imprevistos. A cada rato debían parar a cargar agua y enfriar el motor. Bertha llegó a limpiar una manguera para el combustible con un alfiler de su sombrero, reparó una avería con su pinza del pelo y con la liga de sus medias ató un conducto que perdía líquido.

Al anochecer, después de muchas horas de viaje, cubiertos de polvo y exhaustos, los tres aventureros llegaron a Pforzheim. Bertha le envió un telegrama a su marido con la noticia. Tres días después, regresaron por una ruta diferente.

A su vuelta, todo el mundo hablaba del fantástico viaje de Bertha y del maravilloso Benz Patent-Motorwagen. El automóvil empezó a venderse sin parar y el resto es historia.

¿Cómo solucionó Bertha la carga de combustible durante el viaje? En la farmacia del pueblito de Wiesloch compró bencina, un líquido para la limpieza que también podía usarse como combustible debido a sus propiedades físicas. Hoy, esta farmacia está considerada la primera estación de servicio de la historia, con monumento y placa incluidos.

BERTHA BENZ MEMORIAL

Mannheim

Río Rin

ALEMANIA

Pforzheim

EL CAMINO DE BERTHA

¿Te gustaría recorrer el mismísimo camino que siguió Bertha en 1888? Solamente necesitás viajar a Alemania. Allí encontrarás la ruta Bertha Benz Memorial, que se inauguró en 2008 y que sigue el trayecto original para que curiosos de todo el mundo puedan revivir la experiencia.

TOTAL DEL RECORRIDO
106 KM

EL VIAJE DURÓ
13 H

ALICIA Y LOS SOMBREREROS LOCOS

O CÓMO UNA INTOXICACIÓN CON MERCURIO PUDO INSPIRAR UNA NOVELA Y FOMENTAR UNA LEY

En Inglaterra, durante los **siglos XVIII y XIX**, fue común el oficio familiar de sombrerero, porque usar sombrero era usual y cotidiano. Alrededor de 1850, se hizo habitual la frase "loco como un sombrerero" para referirse a personas excéntricas. ¿De dónde venía esta expresión? Justo para esa época, los sombreros se comenzaron a elaborar con **fieltro**, un tipo de tela que no se teje sino que se obtiene "apilando" con vapor y presión varias capas de fibras de lana o pelo de animales, que tienen la característica de poder adherirse entre sí. Para separar el pelo de la piel de conejo o castor, los sombrereros utilizaban nitrato de mercurio. Durante este proceso, los gases liberados hacían que la piel se encogiera y era más fácil su remoción.

Como los talleres eran pequeños y tenían poca ventilación, los trabajadores inhalaban los **vapores de mercurio** y al cabo de un tiempo empezaban a mostrar síntomas de intoxicación: temblores, alucinaciones, problemas en la vista, etcétera.

A ESTO SE LO DENOMINÓ "ENFERMEDAD DEL SOMBRERERO LOCO".

La localidad de Danbury, en Estados Unidos, se hizo conocida como la "capital mundial del sombrero". Sus fábricas producían 5 millones de sombreros al año y los sombrereros se enfermaban todo el tiempo, pero nadie se alertaba. Hasta que llegó Alicia...

DANBURY CAPITAL MUNDIAL DEL SOMBRERO » **5.000.000 DE SOMBREROS POR AÑO**

Alice Hamilton se graduó como médica en la Universidad de Michigan y luego se especializó en bacteriología y patología. Al mudarse a Chicago empezó a notar cómo los trabajadores de ciertos oficios tenían graves problemas de salud. Interesada por el caso de Danbury, descubrió el envenenamiento de los sombrereros y en 1922 publicó que los síntomas eran el resultado de la exposición al mercurio. Sin embargo, el Servicio de Salud Pública tardó quince años en revisar las condiciones de seguridad laboral. Finalmente, el 1 de diciembre de 1941 prohibió el uso de mercurio en la industria del fieltro. Demasiado tarde: ya casi no quedaban fábricas de sombreros.

Pero aquella triste realidad ocultaba otra mayor: la prohibición realizada en 1941 no fue impulsada por los riesgos para los trabajadores sino porque se necesitaban los compuestos de mercurio para armar detonadores durante la Segunda Guerra Mundial.

Alice murió el 22 de septiembre de 1970 a los 101 años. Tres meses después, el Congreso de los Estados Unidos aprobó una ley para mejorar la seguridad laboral. Literalmente, tarde pero seguro.

Y aunque la industria del sombrero desapareció de Danbury, el mercurio no lo hizo. El sedimento de los ríos locales contiene trazas hasta el día de hoy.

Lewis Carroll

Alicia
en el país de las
maravillas

Muchos autores afirman que Lewis
Carroll, autor de Alicia en el País
de las Maravillas, *se inspiró en la*
intoxicación con mercurio para el
personaje del Sombrerero Loco.
Otros sostienen que lo hizo en
Theophilus Carter, un excéntrico
ebanista y vendedor de muebles
británico que solía pararse en la
puerta de su negocio con un singular
sombrero de copa.

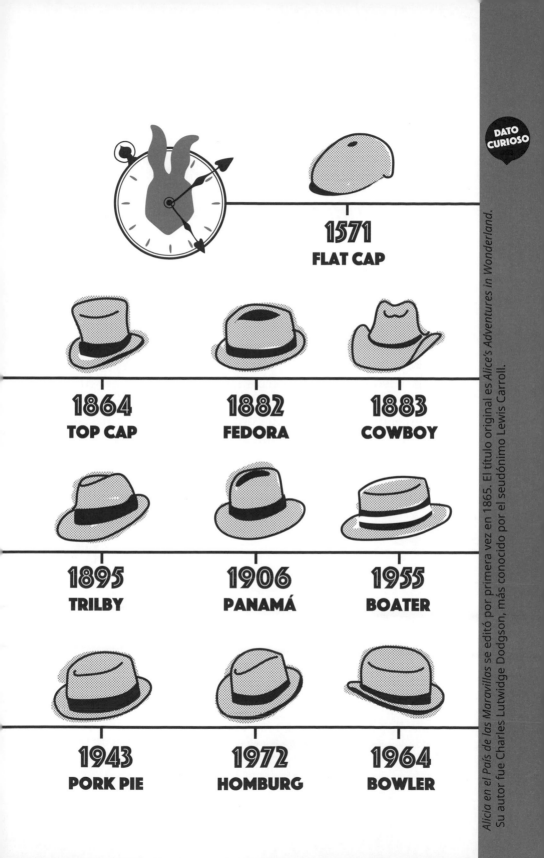

1571
FLAT CAP

1864
TOP CAP

1882
FEDORA

1883
COWBOY

1895
TRILBY

1906
PANAMÁ

1955
BOATER

1943
PORK PIE

1972
HOMBURG

1964
BOWLER

EL ORDEN DE LOS FACTORES

ATTENTI: SÍ ALTERA EL PRODUCTO

En 1812, el emperador **Napoleón Bonaparte** se lanzó a la conquista de Rusia. Pero la invasión fue un completo desastre. De los 600.000 soldados que partieron en busca de la victoria, solo sobrevivieron 10.000.

Un siglo después, en 1912, **Robert Scott** emprendió su expedición al Polo Sur geográfico. Quería ser el primero en llegar a la Antártida. Luego de una travesía plagada de problemas, él y cuatro acompañantes lograron su objetivo. Pero los esperaba una sorpresa. Allí, en el mismísimo Polo Sur, ondeaba una bandera noruega. **Amundsen**, su rival, había llegado 35 días antes. Y todavía faltaba lo peor: Scott y sus acompañantes nunca regresaron a sus tierras. El frío y el hambre acabaron con ellos.

¿QUÉ TIENEN EN COMÚN ESTAS DOS HISTORIAS?

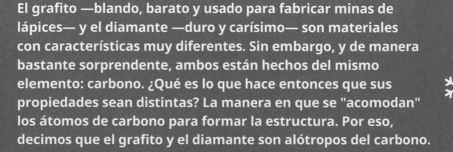

1912

El grafito —blando, barato y usado para fabricar minas de lápices— y el diamante —duro y carísimo— son materiales con características muy diferentes. Sin embargo, y de manera bastante sorprendente, ambos están hechos del mismo elemento: carbono. ¿Qué es lo que hace entonces que sus propiedades sean distintas? La manera en que se "acomodan" los átomos de carbono para formar la estructura. Por eso, decimos que el grafito y el diamante son alótropos del carbono.

Esto mismo ocurre con otros elementos. Entre ellos, el protagonista de nuestra historia, un metal llamado estaño que presenta dos alótropos: el estaño blanco y el estaño gris. El estaño blanco es el típico de las soldaduras, metálico y brillante, y existe entre los 13 y 232 °C. El estaño gris existe por debajo de los 13 °C, es opaco, mucho más frágil y quebradizo. Esto quiere decir que si tenemos estaño blanco y la temperatura desciende, comienza a volverse gris y opaco, aumenta su volumen y finalmente se desintegra en un polvo oscuro. Es un proceso muy lento y progresivo conocido como "peste del estaño", pero que se acelera si el enfriamiento es brusco.

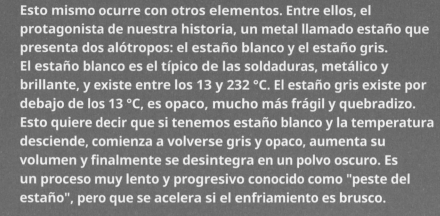

ero ¿qué tiene que ver esto con Napoleón y Scott? Aparentemente, tanto las chaquetas como los pantalones de los uniformes de los soldados franceses tenían botones de estaño que, expuestos al frío extremo, empezaron su transición de la forma blanca al frágil gris. Entonces, se hicieron polvo y las chaquetas ya no podían cerrarse. El frío caló tan hondo en miles de soldados que murieron por hipotermia.

Al jefe de la expedición a la Antártida le pasó algo parecido: había guardado el querosene necesario para cocinar, preparar agua potable y calentarse en latas soldadas... ¡con estaño! Y como ya sabemos lo que pasa cuando se combinan el frío y el estaño, adiós querosene. Sin agua y sin comida, todo el equipo murió antes de regresar a la base inglesa.

Es probable que estas anécdotas sean leyendas o exageraciones. Seguramente influyeron más en la derrota de Napoleón las malas estrategias, el desconocimiento del terreno y el frío. También es posible que Scott haya llegado más tarde porque su ruta estaba peor planificada que la de Amundsen y porque no había calculado bien la cantidad de víveres. Pero no podemos negar que estas hipótesis químicas son muy curiosas y un buen ejemplo para comprender qué son los **alótropos**.

Otra leyenda dice que la peste del estaño fue culpable de la destrucción del órgano de la catedral de San Petersburgo luego de un invierno muy frío. Cuando el organista tocó el primer acorde, el instrumento se desintegró ante la vista atónita de todos los presentes.

HELADO INSTANTÁNEO

Con un poco de hielo y sal podés armar rápidamente una riquísima merienda científica.

¿CÓMO SE PREPARA UN HELADO CREMOSO?

El helado, en su forma más simple, se prepara sobre la base de leche, a la que se agrega azúcar y algún aromatizante. A medida que la mezcla se va enfriando, empiezan a formarse pequeños cristales de hielo. La clave está en no dejar que crezcan demasiado, ya que si aumentan mucho su tamaño, sentiríamos en nuestra boca una textura granulada en lugar de cremosa. Una de las formas de evitarlo es con el batido constante, que mantiene los cristales pequeños e introduce aire a la preparación. Este aire queda atrapado entre los cristales y contribuye a la cremosidad.

¡A EXPERIMENTAR!

¿Qué necesitás?
- 2 bolsas plásticas con cierre hermético: una grande y otra más pequeña
- 20 o 25 cubitos de hielo
- 6 cucharadas soperas de sal
- 120 ml de leche entera
- 1 cucharada sopera de azúcar
- 1 cucharadita de esencia de vainilla
- 1 repasador
- 1 cuchara

Paso a paso:

En la bolsa grande, colocá el hielo y la sal. En la bolsa pequeña, la leche, el azúcar y la vainilla. Cerrala muy bien y ponela adentro de la bolsa grande.

Ahora cerrá también la bolsa grande y rodeala con el repasador.

¿Estás preparado? ¡Agitá, agitá y agitá durante 10 minutos! Podés hacerlo al ritmo de tus canciones preferidas.

Cuando se cumpla el tiempo, abrí primero la bolsa grande y con cuidado la bolsa pequeña. Con una cuchara comprobá que la consistencia sea la adecuada.

¡El helado está listo para comer!

¿QUÉ ESTÁ PASANDO?

El hielo y la sal forman lo que se conoce como **mezcla frigorífica** porque, combinados, pueden alcanzar una temperatura menor a la de cada uno de ellos por separado. ¿Cómo es esto?

La temperatura de congelación del agua pura es 0 °C, pero si al agua le agregamos sal, esta temperatura disminuye. El fenómeno se conoce como **descenso crioscópico**. El descenso del punto de congelamiento depende de la cantidad de sal que agreguemos. Por ejemplo, con un 23% de sal se alcanza una temperatura de 21 °C bajo cero.

Gracias al descenso crioscópico, si tenemos hielo y le agregamos sal podemos alcanzar temperaturas menores a 0 °C. Con nuestra mezcla frigorífica, logramos enfriar la mezcla de leche, azúcar y hacer helado. El batido constante logra que los cristales de hielo que se forman con el agua de la leche no sean grandes y que tu helado quede bien cremoso.

EL DESAFÍO

¿Por qué no inventás otras recetas con jugos de frutas o chocolatada? ¿Te parece que el helado quedará igual de cremoso si cambiás los ingredientes de la receta original? ¿Necesitarás agitar más o menos tiempo? ¡Probá!

LA CAFETERA TROYANA

¿QUÉ TIENEN QUE VER LAS GANAS DE TOMAR CAFÉ CON EL ORIGEN DE LA PRIMERA CÁMARA WEB?

Universidad de Cambridge, Reino Unido, 1991. El investigador del Departamento de Computación, **Quentin Stanfford-Fraser,** recorre varios pisos hasta llegar al laboratorio principal, conocido como "habitación Troyana", donde está la única cafetera de todo el edificio.

Su deseo de tomar algo caliente se desploma cuando la ve casi vacía, con apenas un fondito de café. Fastidiado, mientras prepara más, piensa: "Esta será la última vez". Contacta a su colega, Paul Jardetzky, y juntos improvisan una solución.

Días más tarde, instalan una cámara fotográfica que apunta a la cafetera, programada para disparar tres fotos por minuto y enviarlas a todas las computadoras conectadas en la red interna del edificio.

TODAVÍA NO LO IMAGINAN, PERO ¡ESTÁN ORIGINANDO LO QUE SERÁ UNA REVOLUCIÓN!

Martyn Johnson tuvo la idea de imitar este sistema para controlar la cafetera y transmitirlo a través de internet, gracias a la nueva posibilidad de desplegar imágenes en la web. Con solo unas líneas de código, el 22 de noviembre de 1993 las borrosas imágenes de la cafetera se convirtieron en un hito.

Rápidamente, el electrodoméstico pasó a poder monitorearse desde cualquier lugar del planeta. Incluso, los investigadores empezaron a recibir correos electrónicos desde Japón que pedían poner una luz durante la noche para que del otro lado del mundo pudieran verla también. Estaban ante el nacimiento de la primera cámara web de la historia y una verdadera revolución en las comunicaciones.

Se estima que la cafetera de Cambridge fue vista por unas 2.4 millones de personas desde 1993. El cambio de sede del Departamento de Computación obligó a apagar la cámara a las 9:54 a. m. del 22 de agosto de 2001. La última imagen que se pudo ver fue la de los investigadores apretando el botón del servidor.

EN VIVO

MÁS INFO

El té, el mate y el café, entre otras bebidas, contienen cafeína, un estimulante del sistema nervioso central. Por eso mucha gente las toma para "despertarse". La cantidad de cafeína en cada bebida es variable y depende de muchos factores. Para darte una idea:

1 L DE CAFÉ
contiene entre
0,38 Y 2,3 G
DE CAFEÍNA

1 L DE TÉ
contiene entre
0,17 Y 0,28 G
DE CAFEÍNA

1 L DE MATE
contiene alrededos de
0,36 G
DE CAFEÍNA

71 personas pujaron por la cafetera cuando se subastó en eBay. La compró la revista alemana *Spiegel Online* por £3.350 y así, la famosa cafetera volvió a su actividad habitual: proveer café a personas que luchan por despabilarse en la oficina.

LA VUELTA AL MUNDO

EL SECRETO MEJOR GUARDADO
(¡HASTA QUE SE DESCUBRIÓ!)

Apenas comenzaba el año 1767 cuando el buque L'Etoile partió de Francia con el objetivo de lograr una misión muy especial: dar la vuelta al mundo. Doscientos hombres formaban la tripulación y entre ellos se encontraban numerosos investigadores como **Philibert Commerson**, un naturalista al que le interesaba encontrar nuevas especies de plantas. Commerson no viajaba solo: iba acompañado por su fiel asistente, un muchachito al que llamaban Jean Barré. Pero enorme fue la sorpresa cuando, tres años después y ya en las costas de Tahití, la tripulación descubrió que Jean Barré era en realidad Jeanne Baret.

¡UNA CAMPESINA QUE HABÍA HECHO TODO EL VIAJE DISFRAZADA DE VARÓN!

Jeanne Baret

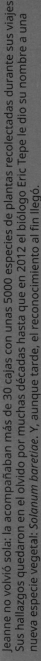

Jeanne Baret había conocido a Philibert Commerson porque era la institutriz de su hijo. Rápidamente, el investigador se dio cuenta de la inteligencia de ella y decidió enseñarle sobre hierbas y plantas. Y así, entre flores y raíces, se enamoraron. Por eso, cuando Commerson fue nombrado botánico del rey Louis XVI y lo enviaron a viajar alrededor del mundo en el buque L'Etoile, no dudó ni un instante en proponerle a Jeanne que lo acompañara. ¿El problema? Estaba prohibido que las mujeres abordaran buques de la Marina Real. Por supuesto, este pequeño detalle no frenó las ansias de Jeanne por recorrer el mundo. La solución fue sencilla: disfrazarse de varón, cambiarse un poco el nombre y trabajar hombro a hombro con el resto de la tripulación para no despertar sospechas. Así, la expedición recorrió Sudamérica, desde Río de Janeiro hasta el Estrecho de Magallanes, y a lo largo del viaje Commerson y Jeanne clasificaron más de 60 nuevas especies de plantas, entre ellas, una muy famosa, conocida hoy como Santa Rita.

Después de años de travesía, el secreto de Jeanne salió a la luz. Para el capitán del barco era imperdonable y por eso abandonó a la pareja en la Isla Mauricio, al este de Madagascar. Allí fueron bien recibidos por los pobladores y se casaron. Años más tarde, Commerson murió y Jeanne conoció a un oficial francés con el que se volvió a casar. Finalmente, regresó a París completando la vuelta al mundo y convirtiéndose en la primera mujer en hacerlo.

Jeanne no volvió sola: la acompañaban más de 30 cajas con unas 5000 especies de plantas recolectadas durante sus viajes. Sus hallazgos quedaron en el olvido por muchas décadas hasta que en 2012 el biólogo Eric Tepe le dio su nombre a una nueva especie vegetal: *Solanum baretiae*. Y, aunque tarde, el reconocimiento al fin llegó.

LA CULPA NO ES DE COLÓN

¿ CÓMO PUEDE UN ECLIPSE SALVARTE LA VIDA ?

Cristóbal Colón realizó cuatro viajes a América. En su última travesía, una plaga de termitas infestó los barcos y solamente logró salvar dos carabelas, con las que **llegó a la costa de Jamaica**. En un comienzo, el capitán y sus hombres fueron bien recibidos, pero con el correr de los meses comenzaron los problemas con los nativos: peleas, robos y más. ¿El resultado? Colón y sus marineros fueron apresados a la espera de que el jefe de la tribu decidiera cómo matarlos. En esa situación desesperada, el navegante ideó un ingenioso plan que los salvó de una muerte segura.

¿CÓMO FUE ESE PLAN?

Muchos pueblos de la Antigüedad conocían los eclipses e incluso podían explicarlos y aprovecharlos para hacer cálculos astronómicos. Pero muchos otros los veían como fenómenos misteriosos y atemorizantes, porque creían que eran augurio de catástrofes y mala suerte.

Colón, gracias a los almanaques astronómicos que había llevado en su viaje para conocer la posición de las estrellas y poder guiarse en el mar, sabía que el jueves 29 de febrero de 1504 habría un eclipse total de Luna, conocido como "Luna de Sangre", donde el satélite se vería de color rojizo debido a la manera en que la atmósfera terrestre desviaría la luz del Sol. Cuando faltaban tres días para el eclipse, pidió una reunión con el jefe de la tribu y le dijo que su dios estaba enojado con ellos por mantenerlos cautivos. Si no los liberaban, en tres noches haría que la Luna cambiara su color. El jefe dudó y decidió mantener al grupo encerrado hasta ver si se cumplía la predicción.

En la noche del 29 de febrero, la **Luna de Sangre** apareció. El jefe de la tribu le pidió a Colón que, por favor, intercediera para que volviera a su apariencia habitual. A cambio, le ofreció liberar a toda la tripulación, reparar los barcos y darles suficientes provisiones para el viaje de regreso.

El navegante, por supuesto, aceptó. Para no revelar su mentira, le dijo al jefe que iría a su camarote para "conversar en privado" con el dios en cuestión y pedirle que se tranquilizara. Encerrado, esperó casi una hora a que el **eclipse** transcurriera y justo antes de que terminara, abrió la puerta para anunciar que había logrado convencer a la deidad. Colón y su tripulación regresaron a España el 7 de noviembre.

¿CUÁL DE TODAS ESTAS DISPOSICIONES CORRESPONDE A UN ECLIPSE DE LUNA?

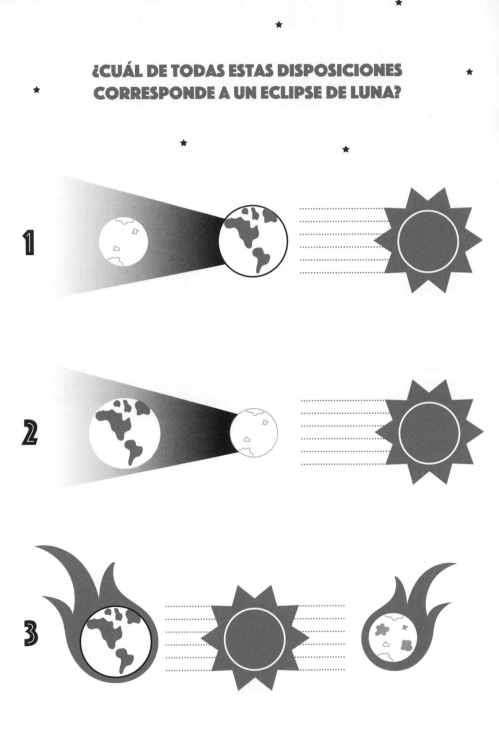

MÁS INFO

Los eclipses totales de Luna siempre se producen cuando hay Luna llena. Durante un eclipse total de Luna, el satélite queda dentro del cono de sombra que proyecta la Tierra.

DATO CURIOSO

¡Agendate! Los próximos cinco eclipses totales de Luna ocurrirán el 26 de mayo de 2021, el 16 de mayo y el 8 de noviembre de 2022, y el 14 de marzo y el 7 de septiembre de 2025.

RESPUESTAS

1. Eclipse de Luna / 2. Eclipse de Sol / 3. Catástrofe

ARTISTAS DE AYER Y DE HOY

 Hace miles y miles de años, durante la época paleolítica, los seres humanos ya se dedicaban al arte. Representaban animales, plantas y escenas de la vida cotidiana en las paredes de las cavernas. Gracias a estos dibujos, hoy podemos conocer un poco más cómo vivían nuestros ancestros.

Pero ¿de dónde obtenían los pigmentos y qué técnicas empleaban? El **color negro** se obtenía principalmente del **carbón vegetal**; el **rojo** y el **amarillo**, a partir de minerales. Por lo general se trituraban las **rocas** o los **minerales**, y se mezclaba el **polvo con resina de los árboles** o **grasa animal** para que pudiera "untarse". Para pintar usaban los dedos y las ramas como pinceles.

Durante mucho tiempo, una de estas técnicas resultó un misterio: las **manos en negativo**. Se trata de representaciones en las que la pintura aparece alrededor de la mano, como si hubiera sido echada repentinamente sobre ella, dejando sin teñir el espacio ocupado por la figura. Estas manos están rodeadas por un montón de gotitas muy chiquititas, todas parecidas. Como si hubieran usado un aerosol. Pero faltaban aún miles de años para el desarrollo de este instrumento. Resulta que los humanos paleolíticos usaban un aerógrafo prehistórico. ¿Te animás a hacer el tuyo para entender cómo funciona?

¡A EXPERIMENTAR!

¿Qué necesitás?

- 1 cajita de fósforos
- 2 sorbetes
- Tijera
- Cinta adhesiva
- Agua
- Témpera
- Recipiente
- Hoja blanca
- Diario, tela o plástico para proteger la pared

Paso a paso:

Cortá los sorbetes y pegalos con la cinta a la cajita de fósforos, de manera que queden perpendiculares entre sí, como se ve en el dibujo. Ese será tu aerógrafo.

En el recipiente, colocá la témpera y agregale un poco de agua para diluirla. Pegá la hoja blanca sobre una pared previamente protegida (con papel de diario, por ejemplo). Colocá tu mano sobre la hoja. Con la otra mano, ubicá el aerógrafo de modo que un sorbete esté en contacto con la témpera del recipiente. Soplá por el otro y ¡listo!

¿QUÉ ESTÁ PASANDO?

La técnica aerográfica aprovecha un fenómeno físico conocido como **efecto Venturi**. Al soplar con fuerza a través del sorbete, la velocidad del aire hace que la presión disminuya en el extremo superior del tubito vertical. La diferencia de presiones hace subir la pintura por este tubito. Cuando llega arriba, se encuentra con el chorro de aire del soplido y se produce el "spray".

Nuestros antepasados usaban **huesos** huecos de aves, a modo de tubitos, y cuencos de piedra como recipientes. La Cueva de las Manos, un sitio arqueológico ubicado en Santa Cruz (Argentina), fue declarada Patrimonio de la Humanidad. Allí hay cientos de manos en negativo realizadas con esta técnica.

Un grupo de investigadores contó las manos izquierdas y las derechas de las pinturas rupestres y concluyeron que la proporción de diestros y zurdos entre nuestros ancestros era aproximadamente la misma que hoy en día (alrededor de un 10% de zurdos y 90% de diestros).

AL ROJO VIVO

Antes de la llegada de los españoles, los **aztecas** lo llamaban **nocheztli**, una palabra que quiere decir 'sangre de tunas'.

En la época colonial, los conquistadores tomaron el control de su producción, pero no revelaron el secreto de su origen. Este polvo era lo más valioso que podían exportar a Europa, después de la plata y el oro.

Pero ¿qué era y por qué tanto misterio alrededor de su obtención? Se trataba, nada más ni nada menos, que del **pigmento carmín**, también conocido como grana, un colorante rojo que no se degradaba con la luz o el calor y que se usaba para teñir telas. Su mayor peculiaridad era que no se obtenía de una planta ni de un mineral sino de las hembras de unos insectos llamados **cochinillas**, originarios de América.

Este pigmento carmín sigue usándose muchísimo hasta el día de hoy, sobre todo en productos de cosmética y en alimentos; y para obtenerlo, el procedimiento sigue siendo muy parecido al que ya hacían los aztecas hace 500 años.

Cochinillas

Mortero

Rojo carmín

AZUL PROFUNDO

Los **mayas**, antiguos habitantes de México y Centroamérica, eran expertos coloristas. Uno de sus colores más peculiares era el **azul maya** que, a diferencia de la mayoría de los pigmentos, no se degradaba con el paso del tiempo ni debido a factores climáticos, ni a microorganismos, ni por reacción con compuestos químicos. Para preparar este pigmento, mezclaban hojas de la planta de añil (nativa de América), incienso copal (nombre que se le daba a las resinas que provenían de distintos árboles) y paligorskita (un tipo de arcilla). Luego, calentaban todo a fuego lento hasta obtener el bellísimo azul.

Recién en julio de 1996, un grupo de científicos logró explicar la estructura del pigmento y su resistencia. Resulta que los mayas, sin saberlo, estaban haciendo nanotecnología, porque el calentamiento de las hojas, el incienso y la arcilla produce un material especial con una estructura similar a una red en la que quedan incrustadas partículas muy, muy, pero muy pequeñas (nanopartículas). Pura ciencia detrás del más puro arte.

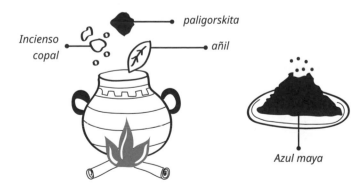

Incienso copal

paligorskita

añil

Azul maya

LA CIUDAD DE LOS ESPEJOS

🕯 SE HIZO LA LUZ !

—¡No es posible! Seis meses de oscuridad todos los años. Ni un mísero rayito de sol. Algo debemos hacer.

En la **ciudad noruega de Rjukan**, **Sam Eyde**, dueño de una empresa de fertilizantes, pasaba horas y horas pensando en cómo solucionar un problema que aquejaba a sus habitantes desde siempre.

Por estar ubicada en el fondo de un valle, entre montañas de 1800 metros de altura, los rjukanienses vivían en las sombras entre septiembre y marzo. Durante la mitad del año, aunque el cielo estuviera despejado y vieran el reflejo del sol en las laderas de las montañas, ni un rayito llegaba a la ciudad.

Entonces Sam tuvo una idea: usar espejos para **reflejar la luz** del sol y desviarla hacia la plaza principal. De esa manera, al menos lograría iluminarla un poco. Pero la tecnología disponible a comienzos del siglo XX no era suficiente para lograrlo.

Así que se conformó con otra solución: en 1928 construyó un teleférico para que los habitantes de Rjukan pudieran "escapar" de las sombras de las montañas y llegar a ver el sol durante los meses oscuros.

LA PROPUESTA INICIAL DE SAM EYDE FUE OLVIDADA HASTA CASI 100 AÑOS DESPUÉS.

Ya en el siglo XXI, un artista llamado Martin Andersen empezó a estudiar los heliostatos, dispositivos formados por un conjunto de espejos que se mueven "siguiendo" al sol en el cielo y concentran sus rayos hacia algún lugar determinado. Se usan, por ejemplo, para transmitir señales luminosas a larga distancia o en las centrales solares para aprovechar de manera más eficiente su energía. Incluso, hay un estadio semicubierto en Arizona que los usa para dirigir los rayos hacia el pasto y asegurarse de que crezca.

Martin entonces pensó que podía intentarlo en Rjukan y creó un proyecto llamado "Cómo iluminar las sombras en un valle".

Unos años después, y con la ayuda económica de la empresa de fertilizantes que había fundado Sam Eyde, consiguió su objetivo: colocar tres enormes **espejos móviles** en las montañas de la ciudad que se controlan a distancia y cambian su posición cada 10 segundos siguiendo al sol y reflejando gran cantidad de la luz que reciben. Así, logran iluminar un pedacito de la plaza central durante todo el día, para deleite de los rjukanienses.

DATO CURIOSO

Rjukan no es el único lugar que utiliza este sistema. En Italia, la ciudad de Viganella tiene un espejo de acero pulido gigante que funciona de manera similar.

EXPERIENCIA

¿Te animás a armar una maqueta, elegir un rincón oscuro de tu casa y descubrir la manera de iluminarla al estilo Rjukan? Necesitás una linterna para hacer las veces de sol y un espejo. Decidí qué parte del pueblo querés iluminar ¡y a probar con el "sol" en distintas posiciones!

UN PROBLEMA
DE FUERZA MAYOR

PUAJ, QUÉ MAPA ASQUEROSO

Desde finales del siglo XVIII, Estados Unidos habían buscado expandir su territorio. Para eso, le ofrecieron una y otra vez a los gobiernos españoles y franceses comprar parte de sus tierras. Después de varios intentos y negativas, el presidente **Thomas Jefferson** lo consiguió en 1803.

Ese mismo año encargó una expedición a través de los nuevos territorios para encontrar una ruta que atravesara Estados Unidos y llegara hasta la costa del Pacífico.

Esta expedición fue encomendada al capitán **Meriwether Lewis** y al subteniente **William Clark**, quienes partieron en mayo de 1804 junto a varios voluntarios del ejército. Recorrieron más de 12.000 kilómetros, estudiaron la flora y la fauna, comerciaron con los pueblos nativos y regresaron al cabo de dos años, cuatro meses y diez días.

CONOCER LA RUTA EXACTA QUE SIGUIERON ESTOS HOMBRES ES POSIBLE... ¡GRACIAS A SU CACA!

En esa época, era muy común el uso de calomel, un potente laxante que contenía mercurio. Se administraba en forma de pastillas, ideadas por un médico llamado Benjamin Rush, amigo del presidente Jefferson. Hoy sabemos que el mercurio es sumamente tóxico, pero esta información no era conocida en aquel momento y tampoco se sabía que el calomel casi no es asimilado por el organismo y se elimina con la materia fecal.

Sobrevivir durante la expedición no iba a ser fácil. Solos y en territorio desconocido, quienes componían el ejército tenían que ir muy bien preparados. Los voluntarios recibieron un fuerte entrenamiento físico, y Lewis y Clark aprendieron a utilizar el **sextante** para orientarse. Fueron asesorados en curaciones y remedios hechos con plantas por el Dr. Rush, que también les dio las **píldoras de calomel** en caso de que sufrieran estreñimiento durante la odisea.

Y así, los baños improvisados que los expedicionarios fueron cavando en la tierra, muchos años después, les permitieron a los arqueólogos identificar los campamentos y trazar la ruta exacta que había tomado la expedición.

MÁS INFO

Como a los seres humanos nos encanta categorizar, también lo hemos hecho con la materia fecal. La "escala de heces de Bristol" la clasifica de la siguiente manera:

- **Tipo 1: trozos duros y separados (como nueces o bolitas) que se eliminan del cuerpo con dificultad.**
- **Tipo 2: como una salchicha compuesta de fragmentos.**
- **Tipo 3: con forma de morcilla y grietas en la superficie.**
- **Tipo 4: como una serpiente, lisa y blanda.**
- **Tipo 5: trozos de masa pastosa con bordes definidos, que son defecados con facilidad.**
- **Tipo 6: fragmentos blandos y esponjosos, con bordes irregulares y consistencia pastosa.**
- **Tipo 7: acuosa, sin pedazos sólidos, líquida.**

Según esta escala, los tipos 1 y 2 indican estreñimiento; los 3 y 4 son la caca ideal (en especial el 4) y los tipos 5, 6 y 7 tienden a la diarrea.

TIPO 1

TIPO 2

TIPO 3

TIPO 4

TIPO 5

TIPO 6

TIPO 7

PENSAR FUERA DEL MOLDE

LOS TRENES Y LAS TORTAS TIENEN ALGO EN COMÚN (¡Y NO ES QUE EMPIEZAN CON LA MISMA LETRA!)

Esa noche llovía torrencialmente y el tren estaba detenido en el andén. El guardia salió corriendo de la estación con su linterna de petróleo en la mano. ¡Otro tren de carga venía por la misma vía y el choque era inminente! Comenzó a mover su lámpara para advertirle al maquinista que detuviera esa mole de hierro y madera. Pero la lluvia fría sobre el vidrio caliente hizo que estallara en pedazos. Oscuridad total. El maquinista nunca llegó a ver la señal de peligro y el accidente fue inevitable.

Estos accidentes eran muy comunes a finales del siglo XIX. La necesidad de fabricar un vidrio resistente a los cambios bruscos de temperatura era imperiosa. Pero ¿cómo conseguirlo?

En 1887, la empresa alemana Schott desarrolló la primera fórmula de **vidrio de borosilicato**. Los vidrieros se habían dado cuenta de que si se le agregaban trióxido de boro, el vidrio se volvía más resistente al choque térmico. Unos años más tarde, la empresa Corning Glass Works comenzó a fabricar Nonex, un **vidrio térmicamente resistente**. Y las lámparas podrían haber sido el destino final del vidrio de borosilicato, de no ser por **Bessie Littleton**.

¿CUÁL FUE SU APORTE?

La familia Littleton se había mudado a Nueva York en 1913. Jesse era un joven físico que había sido contratado para participar en el primer laboratorio formal en Corning Glass Works. Su primera tarea fue ayudar a crear un nuevo producto a partir del vidrio Nonex. Bessie era ama de casa. Un día, mientras juntaba los restos de cerámica de una cacerola que se acababa de romper al ponerla en el horno, tuvo una idea. Le pidió a Jesse que llevase a casa uno de sus vidrios Nonex térmicamente resistentes, de los que usaban para las lámparas ferroviarias. "¿Para qué?", le preguntó extrañado. "¡Para cocinar una torta!", respondió ella.

Los resultados del experimento de Bessie fueron excelentes: cocción más pareja y en menor tiempo, masa que no se pegaba al vidrio y facilidad para desmoldar. Pero lo mejor: ¡podía ver la torta a medida que se cocinaba porque el vidrio era transparente! Acostumbrados en la fábrica a los trenes y las lámparas, cuando Jesse llegó a la oficina con un bizcochuelo de chocolate y una sonrisa en el rostro nadie se imaginó que traía en sus manos un gran invento.

En 1915, Corning sacó a la venta la línea Pyrex. ¡Y fue un éxito sensacional! A partir de ese momento, las mujeres participaron en cada paso, desde las pruebas hasta el diseño y la comercialización.

Gracias a la capacidad de Bessie de pensar "fuera del molde" hoy el vidrio de borosilicato está en casi todas las cocinas y laboratorios del mundo.

QUÍMICA A LA CARTA: LOS SECRETOS DETRÁS DE UN FLAN

El buen flan casero es el que tiene agujeritos. Que no. Que sí. Que no. ¡Basta de discusiones! Lo mejor es entender la ciencia detrás de este riquísimo postre y meter las manos en la masa. Después de todo, sobre gustos no hay nada escrito.

RECETA DE FLAN (¡pedí ayuda!)

Ingredientes
- 1 litro de leche
- 10 huevos
- 200 g de azúcar
- 1 cucharadita de esencia de vainilla
- Caramelo

Preparación
1. Precalentar el horno en mínimo.
2. Hacer caramelo con azúcar y un poquito de agua. Volcar en la flanera y dejar enfriar.
3. Mezclar, sin batir, los huevos, el azúcar y la leche. Agregar la esencia de vainilla.
4. Volcar la mezcla de flan en el molde acaramelado.
5. Colocar el molde a baño María en el horno y cocinar a temperatura baja por una hora aproximadamente o hasta que el flan haya coagulado.
6. Dejar enfriar y guardar en la heladera antes de desmoldar.

La **vaina de vainilla** es el fruto de una orquídea, la *Vanilla planifolia*. Cada planta produce entre 40 y 50 por año. El extracto de vainilla se obtiene remojando un tiempo las vainas en alcohol.

El **caramelo** se forma por distintas reacciones químicas que ocurren cuando el azúcar se calienta muy por encima de la temperatura en la que pasa de ser sólido a líquido. Estas reacciones son las que le dan ese color y ese sabor tan característicos.

Llevar la mezcla a **baño de María** quiere decir que tenemos que poner un recipiente pequeño (en este caso, la flanera) dentro de uno mayor que contenga agua (por ejemplo, una asadera). Así, lo que se calienta primero es el agua del recipiente de mayor tamaño y esta es la que de modo lento, suave y constante calentará el contenido del recipiente menor. ¿Qué tiene que ver María? María fue una alquimista del siglo I, que inventó esta técnica, aunque originalmente usaba un tercer recipiente con arena que le permitía conservar mejor el calor.

¿QUÉ ESTÁ PASANDO?

Cuando el flan se lleva al horno, la mezcla está líquida. A medida que se cocina va adquiriendo consistencia y haciéndose más sólida porque las proteínas del huevo coagulan y forman una "red" entre ellas. El flan tiene que ponerse a baño María para que la cocción sea pareja. Pero hay que cuidar que el agua no hierva. ¿Qué pasa si hierve? El movimiento del flan y los continuos ¡plop! harán burbujas de aire en la mezcla que está solidificándose. Las proteínas coagulan alrededor de esas burbujas y ahí tenemos los famosos agujeritos del flan.

EL ASESINATO DEL PARAGUAS

UN VENENO SIGILOSO

Georgi Markov estaba esperando el autobús en el centro de Londres un día lluvioso de septiembre de 1978 cuando un extraño se tropezó con él y, sin querer, lo pinchó con su paraguas en la pierna.

—Disculpas —susurró rápidamente con un leve acento extranjero que no le llamó demasiado la atención.

—No se preocupe —atinó a decir Markov, pero el extraño ya se había perdido entre las calles de la ciudad.

Al poco tiempo el pinchazo se hinchó, como si fuera la picadura de un insecto. Horas después, Markov ingresó al hospital con fiebre muy alta y una hipótesis de lo sucedido.

—¡Quisieron asesinarme! —le decía a todo aquel que se cruzaba—. ¡Fue la KGB!

Al comienzo, los médicos no le creyeron, pero tres días más tarde cuando le realizaron la autopsia encontraron clavada en su pierna una pequeña bolita metálica hueca. En su interior, apenas quedaban rastros de la sustancia que había terminado con la vida de Markow: **ricina**.

El paraguas era, en verdad, una pistola diseñada para disparar los diminutos proyectiles. Las bolitas estaban recubiertas con azúcar que, al entrar en contacto con el agua del cuerpo, se disolvía dejando salir el veneno. El tropiezo accidental en la parada del autobús había sido en realidad un asesinato planificado.

Markov era un novelista con bastante fama, nacido en Bulgaria en 1929. Había tenido que enfrentarse con la censura en su país, porque le prohibían expresarse en sus escritos con libertad. Finalmente, en 1969 decidió irse para poder dar su opinión sin que lo persiguieran. Desde el extranjero, criticó duramente al gobierno búlgaro.

Esto provocó que lo condenaran a más de seis años de cárcel. Además, su nombre no podía aparecer en los medios de comunicación y sus libros fueron retirados de las bibliotecas. Convertido en uno de los peores enemigos públicos, se sospecha que el gobierno búlgaro le pidió ayuda al servicio secreto soviético, la KGB, para deshacerse de él de la manera más disimulada posible.

Nuevas investigaciones afirman que posiblemente no fuera un paraguas el arma utilizada sino una pequeña pistola de aire comprimido. Pero las dudas persisten. Nadie fue arrestado por el crimen, Bulgaria cerró su investigación en 2013 y aunque en Inglaterra sigue abierta, quizás nunca lleguemos a conocer del todo los detalles del asesinato del paraguas.

MÁS INFO

La ricina es una de las toxinas más potentes que se conocen. Suele encontrarse como un polvito blanco que se obtiene por extracción de las semillas de la planta del ricino. Puede detener la producción de proteínas en el cuerpo y causar la muerte de las células en pocos días. Todavía no existe un antídoto.

UN ERROR DE CÁLCULO

"PROFE, ¿POR QUÉ SIEMPRE INSISTE CON QUE TENGO QUE PONER LAS UNIDADES?"

El 11 de diciembre de 1998 un cohete despegó de Cabo Cañaveral, el principal centro de actividades espaciales de Estados Unidos. A bordo viajaba el **Mars Climate Orbiter**, un **satélite meteorológico** cuya misión era analizar el clima y la atmósfera de Marte.

El satélite orbitaría el planeta rojo, recopilaría datos y los enviaría a la Tierra. La nave debía llegar a destino varios meses más tarde, en septiembre de 1999, pero nunca lo hizo.

El 7 de septiembre de ese año, la sonda tomó la única fotografía del planeta rojo que lograría la misión. Unos días después, la NASA perdió contacto con la nave, que desapareció de las pantallas.

¿POR QUÉ NO LLEGÓ A DESTINO SI LA TRAYECTORIA ESTABA DETALLADAMENTE CALCULADA?

No siempre las unidades de medida fueron las mismas. A lo largo de la historia, se eligieron diferentes referencias para medir cantidades. Por ejemplo, para las longitudes, los egipcios habían establecido el codo real: la distancia que había entre el codo y el final de la mano del faraón de turno. Los romanos tenían la milla romana, que se definía como la distancia cubierta por un soldado al caminar mil pasos. Claro que esto traía un gran problema porque las medidas no eran iguales en todo el mundo: un codo puede ser muy distinto a otro.

1 CODO

1000 PASOS = 1 MILLA

Medí tu pulgar y el de otras personas. ¿Cuántos entran a lo largo del borde? ¿Miden todos lo mismo?

Para solucionar el inconveniente, algunos gobernantes intentaron fijar unidades, aunque sin demasiado éxito. Es que cada uno quería usar como molde su propio pie, pulgar y demás extremidades. La situación se mantuvo bastante confusa hasta que el 22 de junio de 1799, la Academia Francesa de Ciencias adoptó el metro y el kilogramo patrón, y así nació el Sistema Métrico Decimal.

Este sistema dio el puntapié inicial para establecer el actual Sistema Internacional de Unidades (SI) que consta de siete unidades básicas de las que deriva el resto. Las más conocidas son el metro (longitud), el kilogramo (masa) y el segundo (tiempo). Hoy en día, el SI se usa en CASI todo el mundo. Uno de los países que no lo adoptó es, justamente, Estados Unidos, que sigue utilizando el sistema anglosajón, en pulgadas y millas.

SISTEMA INTERNACIONAL DE UNIDADES (SI)

METRO	LONGITUD
KILOGRAMO	MASA
SEGUNDO	TIEMPO

Cuando el Mars Climate Orbiter desapareció, el desconcierto en el centro de control de la NASA fue total. Se organizó una comisión de investigación para encontrar el origen del problema y el resultado fue inesperado: el control en Tierra del Mars Climate Orbiter y la propia nave habían estado realizando cálculos con distintos sistemas de unidades y nadie se había dado cuenta. Por este error, la nave terminó quemándose en la atmósfera marciana.

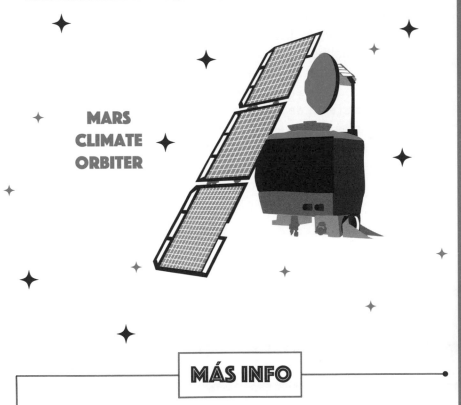

MARS CLIMATE ORBITER

MÁS INFO

Hay unidades de medida cuyos nombres tienen orígenes muy curiosos. Por ejemplo, la unidad quilate, que se usa para describir la masa de piedras preciosas y la pureza de algunos metales, viene de la palabra griega *keration* que quiere decir 'algarrobo'. Esto es porque las semillas de los frutos de este árbol son tan uniformes que se usaban para determinar el peso de las joyas.

ULTRASECRETO

LA ZANAHORIA, ¿MEJORA NUESTRA VISIÓN?

Durante la **Segunda Guerra Mundial**, en 1940, la fuerza aérea alemana utilizó una táctica militar conocida como **"guerra relámpago"**, con ataques nocturnos rápidos y sorpresivos sobre ciudades del Reino Unido. Los británicos, para dificultarles la tarea, solían hacer apagones en sus ciudades. De esta manera era más difícil para los alemanes apuntar sus misiles. Pero la oscuridad no era su única aliada sino que, además, los británicos contaban con un novedoso **sistema de radares** que les permitía localizar a los aviones alemanes sin que ellos lo supieran.

Mantener esta tecnología en secreto era fundamental para el éxito de la defensa. Pero ¿cómo explicar que los pilotos británicos fueran capaces de derribar aviones enemigos en plena oscuridad sin fallar?

POR SUERTE, EXISTEN LAS ZANAHORIAS.

Las zanahorias (y otros alimentos como la batata y la espinaca) tienen un alto contenido de un compuesto que se llama betacaroteno. En nuestro organismo, se convierte en vitamina A, esencial para tener una visión saludable. De hecho, la falta de vitamina A se asocia con la incapacidad de ver con luz tenue o con la ceguera nocturna.

BETACAROTENO » VITAMINA A = VISIÓN SALUDABLE

Cuando el piloto John "ojos de gato" Cunningham derribó el primer avión alemán usando la nueva tecnología, el Ministro de Información británico tuvo una idea: les dijo a los periodistas que el aviador estaba comiendo muchísimas zanahorias y por eso su visión nocturna era extraordinaria.

Así nació el **mito**. Hoy sabemos que solo es necesaria una pequeña cantidad diaria de **vitamina A** para suplir nuestras necesidades y cuando nuestro cuerpo tiene suficientes reservas, su absorción se hace más lenta. Eso quiere decir que comer un montón de zanahorias no mejorará nuestra visión, aunque les haya servido a los ingleses para mantener sus radares en secreto.

John
"ojos de gato"
Cunningham

MÁS INFO

La palabra radar es un acrónimo de Radio Detection And Ranging. Los radares funcionan emitiendo una señal que "rebota" contra los objetos. Midiendo el tiempo que transcurre entre la emisión y la recepción de la señal, es posible averiguar la posición (y velocidad, en el caso de que se estén moviendo) de estos objetos.

Los murciélagos y algunos animales marinos son capaces de orientarse usando un sistema similar. A esto se lo conoce como ecolocalización.

RADIO DETECTION AND RANGING

Vas a necesitar:

1 ZANAHORIA   RALLADOR   ALCOHOL   VASO   CUCHARA

Por su estructura química, los **carotenos** no se disuelven en agua, pero sí en aceite y un poco en alcohol. ¿Querés extraerlos?

Rallá una zanahoria y colocala unos minutos en un vaso con alcohol. Al revolver, el líquido comenzará a teñirse de naranja. Si separás el líquido y esperás a que el alcohol se evapore, verás que queda un residuo coloreado en el fondo del vaso: ¡son los carotenos!

Paso a paso:

LOS COLORES DE LA NATURALEZA

Cerrá los ojos e imaginá un paisaje con pasto, flores, un campo con variedad de árboles frutales y algunos cultivos. ¿De dónde provienen todos esos maravillosos colores?

¿QUÉ SON LOS PIGMENTOS NATURALES?

La mayoría de los colores en la naturaleza se deben a la presencia de unos compuestos llamados **pigmentos**. Los tres grupos de pigmentos más numerosos son los **carotenoides**, las **clorofilas** y las **antocianinas**.

Los carotenoides, que incluyen a los carotenos de las zanahorias, son de color rojo, naranja o amarillo; las clorofilas son las responsables del verde de las hojas de los árboles; y a las antocianinas se deben los colores azules, violetas y rojos por ejemplo de la cebolla morada y el repollo colorado.

¡A EXPERIMENTAR!

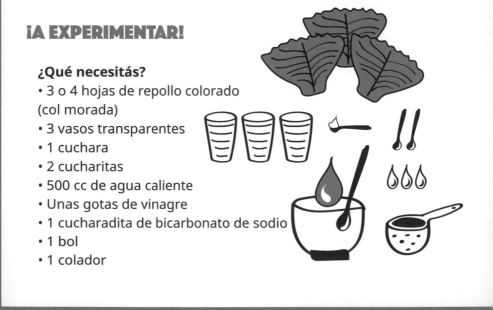

¿Qué necesitás?
• 3 o 4 hojas de repollo colorado (col morada)
• 3 vasos transparentes
• 1 cuchara
• 2 cucharitas
• 500 cc de agua caliente
• Unas gotas de vinagre
• 1 cucharadita de bicarbonato de sodio
• 1 bol
• 1 colador

Paso a paso:

El primer paso consiste en extraer las antocianinas del repollo. Para eso, cortá con la mano 3 o 4
hojas en pedacitos muy pequeños y colocalas en un
bol. Luego, con ayuda de una persona adulta, volcá medio litro de
agua bien caliente sobre los pedacitos de repollo. Dejalo por unos 10
a 15 minutos, revolviendo de vez en cuando, hasta que veas que el
agua se tiñe de violeta. ¡Esas son las antocianinas!

Con el colador separá los pedacitos de repollo y quedate con el
líquido. Dejalo enfriar. Llená cada vaso con el jugo de repollo. Al
primero agregale unas gotitas de vinagre y revolvé. Al segundo,
una cucharadita de bicarbonato de sodio y revolvé. Al tercero no le
agregues nada. Lo vas a usar como con-
trol para poder comparar los colores.

¿QUÉ ESTÁ PASANDO?

Las antocianinas tienen una propiedad muy particular: cambian
de color con la **acidez del medio**. Los compuestos que tienen estas características se conocen como indicadores ácido-base porque
"avisan" cómo es el medio. Cómo se trata de un medio ácido —como
el que da el vinagre—, se ponen de color rojo brillante o fucsia. En
cambio, si se tiene un medio alcalino o básico —como el que da el
bicarbonato de sodio—, se ponen verde-azuladas. Este cambio de
color se relaciona con cambios en su estructura química.

EL DESAFÍO

¿Qué creés que va a ocurrir si al vaso que tiene el bicarbonato de
sodio le agregás un poco de vinagre? ¿Y si al que tiene vinagre le
agregás un poco de bicarbonato de sodio? Intentalo y averigüá si
ocurrió lo que esperabas.

También podés probar qué colores toma el jugo de repollo con el
agregado de otras sustancias. Algunas ideas: jugo de limón, gaseosa, pedacitos de jabón blanco...

Los pigmentos no le dan color únicamente a los vegetales. El color de los flamencos y los salmones rosados, por ejemplo,
se debe a los pigmentos que se encuentran en su alimentación. Si dejan de consumirlos, se vuelven de color blanco.

UNA VIDA DE PELÍCULA

¿A QUÉ PRINCESA DE DISNEY LE DEBEMOS EL WIFI?

Hedy Lamarr

Cuando llegó a Estados Unidos cambió su nombre. Un poco para dejar atrás su pasado y otro poco porque **Hedwig Eva Maria Kiesler** no sonaba muy glamoroso. **Hedy Lamarr** era mucho más sofisticado. De ese lado del océano, muy lejos de su Viena natal, la esperaba un contrato como actriz y una vida de película.

A su llegada, la promocionaron como "la mujer más linda del mundo" y cuenta la leyenda que Walt Disney se inspiró en ella para crear la imagen de Blancanieves.

Sin embargo, la vida en Hollywood la aburría bastante. No bebía ni le interesaban las fiestas, así que en su tiempo libre se dedicaba a su verdadera pasión: inventar.

A fines de 1940, varios barcos que transportaban civiles (muchos de ellos niños) fueron hundidos por submarinos alemanes. Esto consternó muchísimo a Hedy, que decidió hacer algo al respecto. Se le ocurrió inventar un torpedo que pudiera ser controlado remotamente, para atacar a esos submarinos. El problema era que las ondas de radio que se usaban para dirigirlos a distancia eran muy fáciles de detectar e interceptar.

Fue por esos días cuando Hedy conoció al músico y compositor **George Antheil** en una cena. Conversaron toda la noche acerca de cómo crear este sistema para controlar torpedos en forma remota y así brindar un aporte a la armada de Estados Unidos para que lo usara contra los alemanes. A esa cena le siguieron meses de encuentros en los que discutieron cómo llevar la idea a la práctica.

Hedy sabía mucho sobre ingeniería porque había estudiado en su país. George sabía mucho sobre sincronización de pianolas.

JUNTOS IDEARON UN SISTEMA QUE SERÍA LA BASE DE UNA REVOLUCIÓN EN LAS COMUNICACIONES.

El sistema consistía en encriptar el mensaje transmitiéndolo no en una única frecuencia sino en varias, con pequeños "saltos". De esta manera, como el receptor conocía la secuencia de "saltos" podía escuchar perfectamente el mensaje, pero cualquier otra persona que quisiera interceptarlo solamente escucharía un pedacito.

Para lograrlo necesitaban que el emisor y el receptor estuvieran perfectamente sincronizados. No era solamente conocer los saltos de frecuencia sino además estar juntos en el tiempo.

Hedy y George trabajaron intensamente durante algo más de seis meses. Emplearían dos pianolas, una en la estación emisora y la otra en la estación receptora. Los motores de ambos dispositivos iban a estar sincronizados por mecanismos de relojería de precisión. De este modo, los tiempos de transmisión en cada frecuencia serían precisos y tan cortos e irregulares que sería prácticamente imposible recomponer el mensaje si no se conocía la secuencia de los saltos.

El 10 de junio de 1941, Hedy y George presentaron la solicitud de patente con el nombre "Sistema de Comunicaciones Secretas". El 11 de agosto de 1942 fue aprobada.

La idea era brillante, pero como el desarrollo tecnológico de la época era muy pobre no pudo ser puesta en práctica en ese momento. Así que quedó en el olvido durante años.

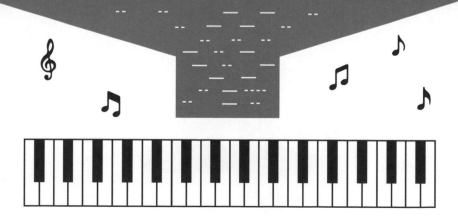

En 1962, en plena **Guerra Fría**, Estados Unidos encontró misiles nucleares soviéticos en Cuba. Muy cerca de una guerra, el presidente ruso retiró sus misiles a cambio de un compromiso de Estados Unidos de no invadir la isla. Esa fue la primera vez que se utilizó el sistema de telecomunicaciones secreta de Hedy y George, que permitía controlar en forma remota boyas rastreadoras con el fin de evitar que ingresaran nuevos misiles por vía marítima.

A esa altura, la patente había caducado, así que Hedy no vio ni un centavo por su invento.

Años más tarde, el salto de frecuencia fue incorporado en algunos aparatos usados en la **Guerra de Vietnam** y en la defensa por satélite.

En la década de 1980 empezó a implementarse en la **transmisión de datos sin cable**. Y así se convirtió en la base, no solo de la telefonía móvil celular 3G, sino de prácticamente todos los sistemas de comunicación digital inalámbrica modernos, como el Wifi, el Wlan y el BlueTooth.

EXPERIENCIA

Encriptar o cifrar un mensaje es transformarlo mediante una clave para que sea muy difícil de descifrar por alguien que no la conozca.

¿Te animás a inventar tu propio sistema de telecomunicaciones secretas para mandarles mensajes a tus amigos sin que nadie pueda interceptarlos?

A ★ B ♪ C 📶 D E F G

H I J K L M N

O ◎ P Q R S T U

V X Y Z

KAMIKAZE DE LA CIENCIA

🗽 BUEN PROVECHO ❗

—Creo que deberías hacerlo. Te daré un poco de la **bacteria** para beber —le dijo Barry Marshall a Robin Warren—. Si te enfermás, tendremos nuestra respuesta.

—¡No, no! —se negó Warren—. Preferiría no hacerlo.

—Bueno. En ese caso, lo haré yo —dijo Marshall.

Cuando todo estuvo listo, cerró los ojos y bebió el contenido del vaso.

—¡A tu salud!

Durante los primeros días no pareció pasar nada. Al cuarto día, Marshall empezó a vomitar y su aliento era espantoso. Al cabo de una semana, tenía todos los síntomas de una gastritis.

¿CÓMO FUE QUE ESTA ACCIÓN KAMIKAZE LOS LLEVÓ A GANAR UN NOBEL?

Hasta hace no muchos años se pensaba que las úlceras (llagas abiertas) que se desarrollaban en el estómago y el intestino se debían a un exceso de ácido o a cuestiones externas como el estrés, el cigarrillo o el alcohol. No había manera de curarlas y solamente existían algunos pocos tratamientos.

Pero en la década de 1980, el médico Barry Marshall y su jefe Robin Warren empezaron a estudiar en el laboratorio a *Helicobacter pylori*, una bacteria con forma espiralada que se había encontrado cerca de las úlceras y en casos de gastritis. Hasta ese momento, nadie había relacionado su presencia con la enfermedad. Ellos fueron los primeros en sospecharlo.

Sin embargo, tenían una gran duda: ¿es la bacteria la que causa la úlcera o las personas con úlcera adquieren la bacteria porque su presencia es muy común? No estaban seguros. Inicialmente, intentaron hacer experimentos en animales de laboratorio, pero fallaron. Necesitaban llevarlos a cabo en seres humanos. Era la única opción.

Así fue como Marshall decidió ser su propio sujeto experimental. Primero, se hizo un estudio llamado endoscopia para mostrar que la mucosa de su estómago e intestino estaba sana. Luego, bebió el líquido con la bacteria *Helicobacter pylori*. Finalmente, con los síntomas de su gastritis a cuestas, se hizo una nueva endoscopia y allí estaba la bacteria en la mucosa de su estómago. Ahora que sabían que la bacteria causaba la enfermedad, tenían una manera de curarla: con antibióticos.

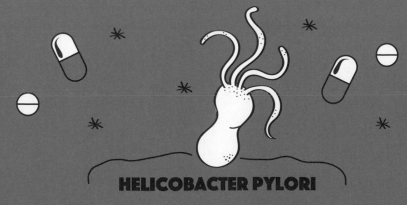

HELICOBACTER PYLORI

Los resultados del trabajo de Marshall y Warren fueron publicados en 1984, pero no tuvieron mucha repercusión. Recién diez años después, tras muchos más estudios, no quedaron dudas de la relación entre las úlceras y la presencia de la bacteria *Helicobacter pylori*.

En 2005, Marshall y Warren ganaron el Premio Nobel de Medicina por estas investigaciones.

Actualmente, los **antibióticos** son fundamentales en el tratamiento de este tipo de úlceras, que pasaron de ser una enfermedad crónica a una curable.

MÁS INFO

Una de las razones por las que la comunidad científica tenía muchas dudas acerca de los resultados que habían obtenido Marshall y Warren era porque la idea de que una bacteria pudiera sobrevivir en un ambiente tan ácido como el del estómago parecía increíble. El propio Warren también se encargó de responder esta pregunta. Entonces, ¿cómo sobrevive la bacteria al ambiente ácido del estómago? Se "acomoda" en una zona que está cubierta con una gruesa capa de moco (sí, hay moco en el estómago). También observó que la bacteria es capaz de formar una capa protectora a su alrededor con compuestos que contrarrestan la acidez.

EL ROBO DEL SIGLO

UN CEREBRO VIAJERO

Cuando **Thomas Harvey** entró en la morgue, el cuerpo de **Albert Einstein** estaba tendido sobre la camilla. Había muerto apenas horas antes. De hecho, Harvey estaba allí para certificar la causa de la muerte: un aneurisma en el corazón. Realizó un examen rápido y se disponía a firmar la planilla cuando, de pronto, un pensamiento desconcertante recorrió su mente.

Einstein había pedido explícitamente que lo cremaran, pero ¿eso quería decir que la humanidad iba a perderse la única posibilidad de estudiar su cerebro? En ese segundo, decidió que no, que eso no podía ocurrir. Tomó un escalpelo, abrió el cráneo de Einstein, cortó algunos vasos sanguíneos, tomó el cerebro, lo puso en un frasco y salió del hospital sin mirar atrás. Thomas Harvey había hecho algo impensado...

¡ROBÓ EL CEREBRO DE EINSTEIN!

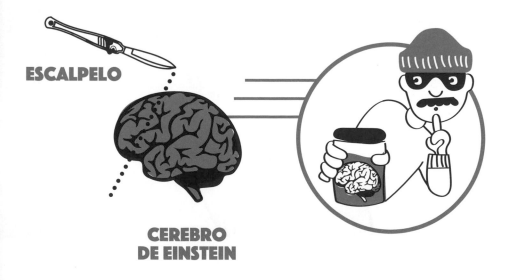

ESCALPELO

CEREBRO DE EINSTEIN

Albert Einstein murió a los 76 años en el Hospital de Princeton, Estados Unidos, en la madrugada del 18 de abril de 1955. Y, tal como había pedido, su cuerpo fue cremado. Así que, imaginate la sorpresa cuando unos días más tarde los familiares del físico vieron en el diario un titular que aseguraba que su cerebro sería preservado para futuros estudios.

Hans Einstein, hijo de Albert, inmediatamente llamó a la institución para pedir explicaciones y desde allí lo comunicaron con Harvey, que había sido el responsable de la autopsia. Luego de una larga conversación, en la que el médico le explicó por qué creía que era sumamente importante preservar el cerebro que se había robado, Hans accedió a que lo conservara siempre que lo tratara con respeto y no lo exhibiera públicamente.

Harvey lo prometió y, de allí en más, fue el custodio del cerebro de Einstein. Lo observó hasta el último detalle, lo midió, lo pesó, le sacó muchísimas fotos y después tomó un pedazo y lo cortó en 240 partes. Su idea era enviarlos a diferentes centros de investigación. Y así lo hizo: repartió pedacitos por todo el mundo. El resto lo guardó en dos frascos en su sótano.

Pero nada fue como él había esperado.

Casi nadie respondió a sus envíos. No parecían interesados en estudiar esos trozos de cerebro. Harvey siguió insistiendo y se obsesionó. Finalmente, su esposa lo abandonó y perdió su trabajo. Así que decidió irse a recorrer el país. Incluso, cruzó la frontera hasta Canadá y luego volvió a Estados Unidos. ¿Y el cerebro? Todo el tiempo lo llevó en el baúl de su auto, por más de 6000 kilómetros.

Recién en 1978 esta historia salió a la luz cuando un periodista, siguiendo la pista de la leyenda del robo, logró encontrar a Harvey y, con él, al cerebro. Rápidamente se hizo conocida y al médico le empezaron a llegar pedidos de pedacitos para estudiarlos. Así, finalmente, muchas décadas después, Harvey consiguió lo que le había prometido a Hans y lo que se había prometido a sí mismo: conocer un poco más acerca del cerebro de Einstein.

MÁS INFO

¿Tenía algo especial el cerebro de Einstein?

Se hicieron distintas investigaciones. La primera, de 1985, mostró que tenía menor número pero mayor tamaño de unas células llamadas gliales que actúan como "soporte" de las neuronas y participan en el procesamiento de la información. Más tarde, en 1996, se descubrió que la corteza prefrontal, la parte responsable del pensamiento matemático y espacial (cómo se ubican los objetos en el espacio, por ejemplo) estaba más desarrollada. En 2012, se observó que el cerebro tenía una cresta más que lo común en su lóbulo frontal medio, un área relacionada con la planificación y la memoria de trabajo; y un año después, se vio que su cuerpo calloso era más grueso de lo normal. Se piensa que esto podría haber permitido una mejor conexión entre los dos hemisferios del cerebro.

¿Explica algo de todo esto su excepcional inteligencia? No tenemos ni idea.

VISTA LATERAL DE UN CEREBRO

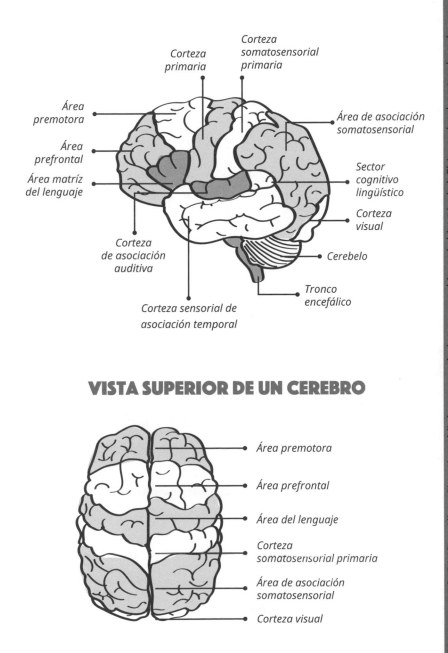

Corteza
primaria

Corteza
somatosensorial
primaria

Área
premotora

Área de asociación
somatosensorial

Área
prefrontal

Sector
cognitivo
lingüístico

Área matríz
del lenguaje

Corteza
visual

Corteza
de asociación
auditiva

Cerebelo

Tronco
encefálico

Corteza sensorial de
asociación temporal

VISTA SUPERIOR DE UN CEREBRO

Área premotora

Área prefrontal

Área del lenguaje

Corteza
somatosensorial primaria

Área de asociación
somatosensorial

Corteza visual

En 1905, con tan solo 26 años, Albert Einstein publicó cuatro artículos que cambiaron la historia de laFisica: sobre la naturaleza de la luz, de las moléculas, de la masa, y del espacio y del tiempo. Por eso, a ese año, se lo conoce como su "año de las maravillas".

LA COCINERA LETAL

🔪 NUNCA PRUEBES SU COMIDA ❗

George Soper tocó a la puerta de la casa de piedra sobre la avenida. Nadie pareció escucharlo, así que insistió. Cuando finalmente le abrieron, carraspeó e hizo un pedido de lo más extraño: "Necesito una muestra de sangre, orina y materia fecal de **Mary Mallon**, la cocinera".

A Mary no le causó mucha gracia el pedido y salió con un tenedor gigante en la mano, dispuesta a atacar a Soper, quien escapó justo a tiempo.

Regresó unas horas más tarde, con refuerzos.

¡ESTOY PERFECTAMENTE SANA!

*

Mary se había escondido. Finalmente la encontraron y, entre forcejeos, no tuvo más remedio que acceder al pedido.

Corría marzo de 1907 y este ingeniero sanitario estaba en pleno plan detectivesco: investigaba un brote de **fiebre tifoidea** y creía que ella era la responsable. "¡Estoy perfectamente sana!", se defendía Mary a los gritos.

Y era cierto. O casi.

*

La fiebre tifoidea es una enfermedad producida por una bacteria llamada *Salmonella enterica*. Se contagia a través del agua y alimentos contaminados con materia fecal. Por eso, es fundamental mantener la higiene, lavarse bien las manos y cocinar adecuadamente los alimentos.

Lo que en la época de Mary y George no se sabía aún es que existen portadores asintomáticos; es decir, personas que tienen la bacteria y, por lo tanto, pueden propagar la enfermedad, pero no muestran los síntomas de la fiebre tifoidea. Mary Mallon era una de ellas.

Había nacido en Irlanda y emigrado a Estados Unidos cuando era una adolescente. A los 31 años consiguió su primer trabajo como cocinera para una familia en Nueva York. Se quedó siete años con esa familia y, en el interín, varios miembros se enfermaron. Pero nadie sospechó de ella.

Luego, fue a trabajar con la familia de un abogado y político. Ese mismo año, mientras vacacionaban, una de las hijas contrajo fiebre tifoidea. Luego, la esposa, otra hija, dos sirvientas y el jardinero. El dueño de la casa, preocupadísimo, contrató a George Soper para que iniciara una investigación. A esa altura, Mary ya no trabajaba con la familia, pero el ingeniero revisó cuidadosamente las pistas, estudió los brotes anteriores y llegó a la conclusión de que ella era la única posible responsable. Y así fue cómo rastreó a Mary para realizar el extraño pedido.

La historia de Mary Mallon se hizo tan popular que pasó a ser conocida como "Mary Tifoidea". Incluso, hay una villana de Marvel que lleva su nombre.

Cuando las muestras dieron positivas para la **bacteria**, Mary fue desterrada a una cabaña alejada, en una isla. Recién tres años más tarde se decidió que podían liberarla bajo una promesa: nunca más debería volver a trabajar como cocinera.

Mary Mallon recuperó su libertad, pero no cumplió lo prometido: cambió su nombre por Mary Brown y volvió a su antiguo trabajo. Un nuevo brote de fiebre tifoidea, cinco años más tarde, alertó a las autoridades sobre su paradero. Esta vez, fue capturada y sentenciada a vivir aislada y encerrada hasta su muerte, en 1938.

Se cree que contagió a más de 50 personas, tres de las cuales murieron.

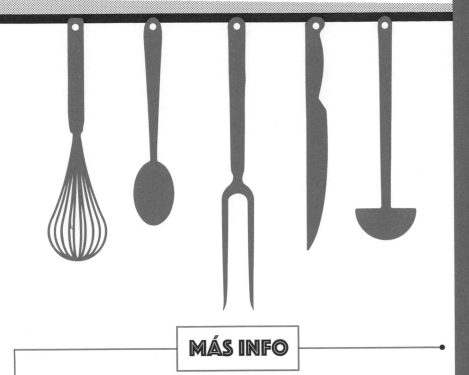

MÁS INFO

Posiblemente, Mary no entendiera por qué insistían con que ella era la culpable si nunca se había enfermado. Estaría asustada, sin familiares y con apenas unos pocos amigos. Con una educación muy básica, su manera de sobrevivir era haciendo lo único que sabía: cocinar. Además, ella no era la única portadora asintomática conocida. Entonces, ¿fue justa la decisión de encerrarla? ¿Se podría haber resuelto de otra manera? Este es un caso que se sigue discutiendo hasta el día de hoy.

LLANTO CEBOLLINO

Cuando vamos a la verdulería no nos ponemos a llorar frente al cajón de las cebollas, pero apenas empezamos a cortarlas, las lágrimas comienzan a caer. ¿Qué sucede? ¿Cómo podemos evitarlo?

¿POR QUÉ LLORÁS?

La cebolla, como todo ser vivo, está formada por **células**. Cuando la cortamos con el cuchillo, estamos rompiendo las membranas de esas células vegetales y liberando muchísimos compuestos que antes no podían interactuar porque estaban en compartimientos separados. Estos **compuestos**, ahora, pueden reaccionar entre sí para producir otras sustancias, que en el caso de este bulbo contienen **azufre**, son muy volátiles e irritantes y reciben el nombre de **factor lacrimógeno** de las cebollas. Al ser muy volátiles, viajan por el aire y llegan hasta nuestros ojos disolviéndose en la película acuosa que los cubre e irritándolos. Inmediatamente nuestro cerebro da la orden de "sacar de ahí" esos compuestos potencialmente peligrosos y por eso empezamos a lagrimear. La formación del factor lacrimógeno alcanza su máximo 30 segundos después del primer corte y deja de ser problemático luego de 5 minutos.

¡A EXPERIMENTAR!

¿Qué necesitás?
- 4 cebollas
- 1 cuchillo
- 1 plato
- Antiparras

Paso a paso:

El objetivo de esta experiencia es comprobar cuál es el modo más efectivo de evitar el llanto cebollino. Probá las opciones de la lista y registrá con cuál lloraste y con cuál no.

1) Tomá la primera cebolla y cortala debajo del chorro de agua de la canilla.

2) Tomá otra cebolla y, antes de cortarla, mojá bien la hoja del cuchillo que vas a usar.

3) Poné la tercera cebolla en la heladera y cuando esté fría, cortala.

4) Para cortar la cuarta cebolla, ponete antiparras.

¿QUÉ ESTÁ PASANDO?

En todos los casos el objetivo es el mismo: evitar que el factor lacrimógeno de la cebolla llegue hasta los ojos.

En las dos primeras experiencias, estamos aprovechando una de las propiedades del factor lacrimógeno: su solubilidad en agua. Si, apenas se producen, los compuestos irritantes quedan disueltos en el agua en vez de volatilizarse, no pueden llegar a nuestros ojos.

Por otra parte, al enfriar la cebolla antes de cortarla estamos aprovechando otras propiedades: el frío disminuye la volatilidad de las sustancias lacrimógenas y hace más lentas las reacciones enzimáticas. De esta manera, se produce menos factor lacrimógeno y también se volatiliza menos.

La cuarta opción es, directamente, una barrera mecánica: el factor lacrimógeno se produce igual y se volatiliza, pero encuentra un obstáculo para llegar hasta nuestros ojos.

EL DESAFÍO

Ahora que conocés por qué se produce y cuáles son las propiedades de los compuestos irritantes, ¿creés que una persona que usa anteojos llorará al cortar cebolla? ¿Por qué? ¿Te animás a hacer el experimento?

¡No más lágrimas! En 2008, científicos de Nueva Zelanda y Japón crearon una cebolla que "no hace llorar" al inactivar una de las enzimas involucradas en la formación del factor lacrimógeno. No está comercialmente disponible todavía.

DATO CURIOSO

LAS PAREDES MALDITAS

¿PUEDE UN PAPEL TAPIZ CAUSAR TU MUERTE?

La escena era desgarradora: el matrimonio ya había perdido a dos de sus hijos y acariciaba la mano de la más pequeña. Le susurraba, por favor, que se salvase. Como si dependiera de ella.

Cuando el médico llegó a la mansión y revisó a la niña, su expresión fue suficiente para que se echaran a llorar. No había nada que hacer.

No eran los únicos niños que habían muerto en esas circunstancias. Por los síntomas, creían que se trataba de una enfermedad llamada difteria, pero algo no cerraba. Por un lado, ninguno había respondido al tratamiento; por el otro, a pesar de ser muy contagiosa, la enfermedad parecía afectar solamente a miembros de una misma familia, pero no a los vecinos cercanos.

La respuesta al misterio estaba justo ahí, frente a sus ojos. Literalmente. En los cuadros y en los papeles tapiz que cubrían las habitaciones.

El culpable era un **pigmento** conocido como "verde de París" o "verde de Scheele", llamado así por Carl Scheele, su creador. ¿La razón?

CONTENÍA ARSÉNICO

Este pigmento verde, brillante y atractivo, compuesto por arseniato de cobre, era el favorito de muchos pintores y se usaba en la decoración de las casas más lujosas.

Pero ¡¿nadie conocía la toxicidad del arsénico?! Sí. Era bien conocida desde hacía siglos. De hecho, al trióxido de arsénico se lo llamaba "polvo para heredar"... te podés imaginar por qué.

La cuestión es que se pensaba que era tóxico solamente por ingestión y como nadie iba a ponerse a chupar un cuadro o un papel tapiz...

Hoy sabemos que la humedad del ambiente y la actividad de ciertos mohos son capaces de liberar ese arsénico al aire. Y puede ingresar al organismo por vía respiratoria.

Durante su exilio en la isla de Santa Elena, Napoleón estuvo hospedado en habitaciones decoradas con **verde de Scheele**. Se cree que su muerte se debió a un cáncer de estómago y se sabe que la exposición continuada a arsénico puede aumentar el riesgo de este tipo de cáncer.

Así que, aunque no lo sabemos con certeza, existe la posibilidad de que a Napoleón lo haya matado un papel tapiz.

El verde de Scheele dejó de usarse como pigmento en la segunda mitad del siglo XIX. Y pasó a utilizarse como... pesticida.

Guardado en una universidad de Estados Unidos, existe un libro que puede matarte. *Shadows from the walls of death* es un catálogo que contiene 86 muestras de papel tapiz pintadas con verde de Scheele. Solo puede tocarse usando guantes y ¡ni se te ocurra humedecerte el dedo con la lengua para pasar las páginas!

LAS DOS CARAS DE LA MONEDA

UN CIENTÍFICO SIN ESCRÚPULOS

En abril de 1915, **Fritz Haber** partió hacia la ciudad de Ypres, dispuesto para la batalla. En uno de los frentes, estaba la primera división del ejército canadiense, dos divisiones del ejército británico y dos del ejército francés. En el otro frente, los alemanes.

Hacia las cinco de la tarde, bajo sus órdenes, el ejército alemán liberó 160 toneladas de **cloro** repartidas en más de 5000 cilindros a lo largo del frente de batalla.

La nube verdosa se desplazó hacia el oeste. Olor nauseabundo, quemazón en la garganta, ojos que ardían. Aquellos que no murieron de asfixia se vieron obligados a abandonar las trincheras y quedaron a merced del fuego de las ametralladoras alemanas. Las tropas francesas sufrieron miles de bajas en apenas unos minutos.

El creador de las primeras **armas de destrucción masiva** del siglo XX estaba orgulloso. También estaría orgulloso del Premio Nobel de Química que ganaría unos años más tarde.

¿PUEDE UNA MISMA PERSONA SALVAR DEL HAMBRE A MILLONES Y SER UN CRIMINAL DE GUERRA?

Hacia el 1800, ya se sabía que los cultivos crecían mucho mejor si, durante la siembra, se agregaba algún fertilizante para enriquecer los suelos con nitrógeno. En esa época, este elemento se obtenía de las fuentes naturales disponibles, como el guano (es decir, los excrementos de ciertos animales como aves y focas) y los depósitos de salitre.

Pero hacia mediados del siglo XIX, un problema se hizo muy evidente: la población mundial aumentaba, hacía falta más comida y, por lo tanto, era necesario conseguir más fertilizantes.

La respuesta obvia flotaba en el aire. Literalmente. ¡Después de todo, el nitrógeno es casi un 80% de su composición! Muchas personas habían intentado fijar este gas y convertirlo en algún compuesto aprovechable, pero el proceso no parecía viable. Hasta que Fritz Haber encontró la solución.

Para llevar el desarrollo a escala industrial, contó con la ayuda de otro químico, Carl Bosch. Juntos diseñaron el proceso conocido como Haber-Bosch que permite fabricar amoníaco a partir del nitrógeno atmosférico. Hoy, este proceso está involucrado en la producción de alimentos de casi la mitad de la población mundial.

Pero este nuevo desarrollo podía usarse no solamente para paliar el hambre, sino que también servía para fabricar explosivos y le permitió a Alemania adquirir una enorme capacidad en la producción de armas.

DATO CURIOSO

Hacia finales del siglo XIX, el negocio del guano y el salitre fue tan grande que llevó a una guerra: Chile enfrentó una alianza entre Bolivia y Perú, en lo que se conoció como Guerra del Pacífico.

Con el comienzo de la **Primera Guerra Mundial**, Fritz Haber fue nombrado Capitán de la División de Química del Ministerio de Guerra alemán. Sumó a numerosos investigadores bajo un único objetivo: desarrollar las primeras **armas químicas** de la historia.

El 26 de enero de 1918, cerca del final de la guerra, la Academia de Ciencias Sueca anunció que Fritz Haber era uno de los galardonados con el Premio Nobel de Química de ese año por su método de síntesis del amoníaco. El premio se lo entregaron el 1 de junio de 1920.

Meses antes, el 3 de febrero de 1920, siete de los países aliados pidieron que se lo enjuiciara, junto con muchas otras personas, como criminal de guerra. Haber, que jamás negó su participación ni se arrepintió de sus actividades, viajó a Suiza en busca de inmunidad.

El juicio comenzó al año siguiente, pero finalmente fue cajoneado por diversas irregularidades.

Así que el químico volvió a Berlín y siguió involucrado en el desarrollo de armas químicas en un programa secreto del gobierno alemán.

En el verano de 1933, Adolf Hitler subió al poder en Alemania. Haber pensó que sus servicios serían muy apreciados pero se olvidó de un pequeño detalle: su ascendencia judía. Tuvo que presentar su renuncia y, finalmente, dejó Berlín.

Entre las patentes que desarrolló durante el programa secreto alemán hay una que se destaca: el **Zyklon-A**, precursor del tristemente célebre Zyklon-B, usado durante la **Segunda Guerra Mundial**. Haber murió de un ataque cardíaco en Suiza a los 65 años. Muchos de sus familiares fueron asesinados en los campos de exterminio con el gas que él mismo había ayudado a fabricar.

NO LO HAGAN EN SUS CASAS

NO SE LAVÓ LAS MANOS Y DESCUBRIÓ ALGO MUY NOVEDOSO

Constantin Fahlberg, un químico ruso que vivía en Estados Unidos, llegó a su casa apurado y hambriento. Había estado todo el día trabajando en el laboratorio así que se abalanzó sobre un pedazo de pan. Lo partió con la mano, probó el primer bocado y algo sucedió: sabía **extrañamente dulce**. "Quizás es algún condimento nuevo", pensó. Se limpió la boca con la servilleta. Pero la servilleta también era dulce. "¡Qué raro!". Por último, tomó su copa y al beber justo en el lugar donde había tocado el vidrio con sus dedos volvió a sentir ese inusual gusto. "Esto no puede ser una casualidad". Se chupó el pulgar: ¡dulce!

¿A QUÉ SE DEBÍA ESTE EXTRAÑO FENÓMENO?

Constantin regresó corriendo al laboratorio. Una vez allí, probó el contenido de cada recipiente en su mesada de trabajo. ¡Por suerte ninguno era venenoso ni corrosivo! Finalmente, lo entendió: ¡había descubierto el primer edulcorante sintético! Y lo llamó sacarina.

El intrépido químico y su colega, Ira Remsen, trabajaban con derivados del alquitrán de hulla, un líquido muy viscoso del que se podían obtener diferentes sustancias. La sacarina era una de ellas. Lo que pasa es que nunca se les había ocurrido probarla. En febrero de 1879, Constantin e Ira publicaron juntos un artículo en el que explicaban dos métodos para fabricar la sacarina. También mencionaban su increíble propiedad edulcorante, aún mayor que la del azúcar que se obtenía de la caña. Todo parecía ir sobre ruedas hasta que años más tarde llegó la traición.

En 1884, y sin avisarle a su compañero, Constantin pidió la patente en Alemania para la fabricación de **sacarina** y también consiguió una serie de patentes estadounidenses en las que se presentaba como "el único descubridor". A Ira no le interesaba ganar dinero por la producción de sacarina, pero no pudo soportar que su nombre fuera excluido. Después de todo, él también había contribuido a su desarrollo. Es más, ¡era el jefe del laboratorio! Como se podrá suponer, ese fue el fin de la amistad.

Actualmente, Ira Remsen es considerado el codescubridor de la sacarina, que se convirtió en una sustancia muy popular durante muchos años hasta que tuvo que enfrentar serias controversias y fue desplazada por otros endulzantes.

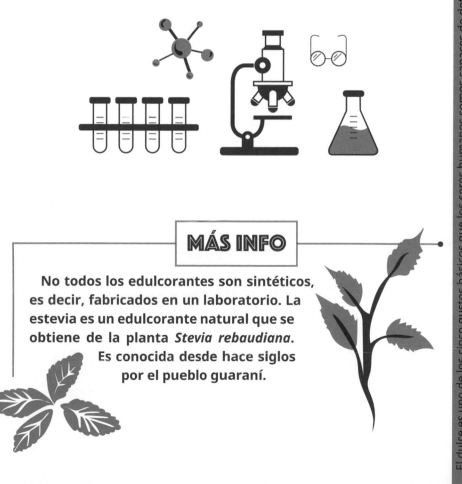

MÁS INFO

No todos los edulcorantes son sintéticos, es decir, fabricados en un laboratorio. La estevia es un edulcorante natural que se obtiene de la planta *Stevia rebaudiana*. Es conocida desde hace siglos por el pueblo guaraní.

El dulce es uno de los cinco gustos básicos que los seres humanos somos capaces de detectar junto con el ácido, el amargo, el salado y el umami.

LA VIDA TE DA SORPRESAS

Muchos descubrimientos tuvieron su origen en observaciones imprevistas, con consecuencias sorprendentes. A estos descubrimientos fortuitos se los llama *serendipias*.

PENICILINA

En septiembre de 1928, a la vuelta de sus vacaciones, el científico británico **Alexander Fleming** decidió ordenar su laboratorio. Encontró apilados unos recipientes redondos y chatos llamados placas de Petri en los que, tiempo atrás, había cultivado una **bacteria** para su estudio. Mientras separaba las placas para descartarlas, notó algo inesperado: la presencia de un hongo que había contaminado la muestra. Y lo que más llamó su atención fue que el hongo había impedido el crecimiento de la bacteria a su alrededor. Esto le resultó sorprendente y decidió estudiarlo. Así, encontró que el hongo fabricaba una sustancia natural con **actividad antibacteriana**. Como pertenecía al género Penicillium, Fleming denominó a esa sustancia "penicilina".

La **penicilina** fue el primer antibiótico ampliamente usado en medicina. Por su descubrimiento, Fleming ganó el Premio Nobel en 1945 y lo más importante: pudieron salvarse millones de vidas.

MINOXIDIL

El **Minoxidil** es hoy uno de los productos más conocidos en la lucha contra la **alopecia** (caída del pelo), pero en sus orígenes la intención era completamente distinta. Comenzó a comercializarse a principios de la década de 1970 como un medicamento para tratar la presión alta. Pero lo sorprendente ocurrió poco tiempo después, cuando muchos pacientes observaron que el producto en cuestión tenía unos efectos secundarios de lo más insospechados: aparición de vello en distintas partes del cuerpo, y una mayor densidad y grosor en el cabello. A raíz de este hecho, el Minoxidil se convirtió en una droga importante para el mundo de la calvicie y a finales de 1980 se comercializó una versión para aplicar sobre el cuero cabelludo.

VELCRO

George de Mestral, un ingeniero suizo y alpinista aficionado, solía disfrutar de excursiones al bosque con su perro. Un día de 1948, al volver del paseo notó pequeñas "pelotitas" adheridas a su pantalón, a sus medias y a los pelos del animal. Tomó una de ellas y la estudió con el microscopio. Así descubrió que estaba recubierta por pequeños ganchos que le permitían "agarrarse" a las fibras de la ropa y a los pelos. Este mecanismo llamó la atención del ingeniero quien se preguntó si no podría tener una aplicación comercial. Ocho años de trabajo le llevó crear un sistema formado por dos tiras de tela: una cubierta con miles de pequeñísimos ganchos y la otra con miles de pequeños bucles. Este sistema permitía que ambas se unieran y se separaran fácilmente. Lo patentó y lo nombró **velcro**, una combinación de las palabras francesas *velour* ('terciopelo') y *crochet* ('gancho').

La idea y su ejecución eran excelentes, pero en los primeros tiempos no fueron tomadas muy en serio. ¿Sabés quién le dio realmente popularidad? La NASA. En la década de 1960, los astronautas de las misiones Apolo usaron el velcro para asegurar todo tipo de dispositivos en condiciones de gravedad cero.

NUEVOS MATERIALES

En 1953, una ayudante del laboratorio tiró unas gotas de un compuesto experimental en las zapatillas de la química **Patsy Sherman**, investigadora de la empresa 3M. No había manera de sacarlo porque nada se le pegaba. ¡Epa! Si nada se le pegaba, entonces esa superficie ya no podía mancharse. Patsy empezó a trabajar sobre el compuesto, que resultó ser un polímero que contenía flúor y que funcionaba como un escudo: sobre telas o muebles repelía el aceite o el agua. En 1956, el protector Scotchgard fue lanzado al mercado y todavía hoy se sigue comercializando.

Otra química que aprovechó las serendipias fue **Stephanie Kwolek**, que trabajaba para la empresa DuPont cuando en la década de 1960 descubrió un material cinco veces más resistente que el acero, pero increíblemente liviano. Lo llamó kevlar. Rápidamente empezó a usarse en la industria y hoy se emplea para fabricar chalecos antibalas, partes de aviones y satélites, cascos para motos y mucho más. Pero, entonces,

¿TODO ES CUESTIÓN DE SUERTE?
¿BASTA CON ESTAR EN EL LUGAR CORRECTO
EN EL MOMENTO INDICADO?

Claro que no. El gran químico francés Louis Pasteur alguna vez dijo: "En los campos de la observación, el azar solo favorece a las mentes preparadas". Cualquiera de estos descubrimientos podría haber pasado inadvertido, pero, gracias a la sagacidad de quienes se encontraron con ellos, se convirtieron en hallazgos trascendentes para la humanidad.

La palabra *serendipia* se la debemos a Horace Walpole, quien la acuñó en 1754, a partir de un cuento persa llamado "Los tres príncipes de Serendip", en el que los protagonistas solucionaban sus problemas a través de increíbles casualidades.

ÍNDICE

Valeria Edelsztein nació en 1982. Estudió Ciencias Químicas en la Universidad de Buenos Aires y realizó una Diplomatura Superior en Enseñanza de las Ciencias en FLACSO. Actualmente trabaja como investigadora del CONICET y profesora de Química. También coordina el taller de ciencias "Laboratorio de ideas" para nivel primario y es asesora de contenidos científicos, columnista de ciencia en programas de televisión y conductora en el podcast "Contemos Historias".
Creó contenidos para manuales escolares y escribió varios libros de divulgación científica, como *Marie Curie. El coraje de una científica*; *Científicas. Cocinan, limpian y ganan el premio Nobel (y nadie se entera)* y la serie *"Ciencia todo el año"*.

Contemos historias: Ciencia para mentes curiosas de Valeria Edelsztein
se terminó de imprimir en junio de 2022
en los talleres de
Litográfica Ingramex, S.A. de C.V.
Centeno 162-1, Col. Granjas Esmeralda, C.P. 09810
Ciudad de México.